电网企业盘活库存物资
实践案例

国网北京市电力公司 组编

中国电力出版社
CHINA ELECTRIC POWER PRESS

内 容 提 要

库存物资管理是衡量一个企业物资管理水平的重要评价指标。库存物资的盘活利用是提升库存物资质效的重要手段和方法，有助于企业提质增效，推动其高质量发展。

本书主要从技术层面，分别针对配网设备材料和主网设备材料介绍典型库存物资的盘活策略。全书分为上下两篇，共 22 章。

本书可供电网企业物资管理人员、项目管理人员、工程设计人员等阅读学习，也可供相关行业人员参考。

图书在版编目（CIP）数据

电网企业盘活库存物资实践案例/国网北京市电力公司组编．—北京：中国电力出版社，2024.8.
ISBN 978-7-5198-8978-4

Ⅰ．F426.61

中国国家版本馆 CIP 数据核字第 2024U17K21 号

出版发行：中国电力出版社
地　　址：北京市东城区北京站西街 19 号（邮政编码 100005）
网　　址：http://www.cepp.sgcc.com.cn
责任编辑：杨　扬（010-63412524）
责任校对：黄　蓓　朱丽芳
装帧设计：赵姗姗
责任印制：杨晓东

印　　刷：廊坊市文峰档案印务有限公司
版　　次：2024 年 8 月第一版
印　　次：2024 年 8 月北京第一次印刷
开　　本：710 毫米×1000 毫米　16 开本
印　　张：10
字　　数：165 千字
定　　价：58.00 元

版 权 专 有　侵 权 必 究

本书如有印装质量问题，我社营销中心负责退换

编委会

主　编　刘明志
副主编　冷志铎　王怀超　王　韦　韩召芳　段红阳
　　　　　郭　锐　李铭阳　芦雨帆　王伟勇　申　博
参　编（排名不分先后）
　　　　　郭建府　赵化明　张　锦　李　岩　汪兴盛
　　　　　辛　锋　黄德弟　刘海龙　吴　江　高彦龙
　　　　　陈　巍　寇英芳　唐嘉婷　林茂君　李　静
　　　　　高国中　刘静斐　谷　禹　张　璇　习毅聪
　　　　　盛　萌　王志勇　晋文杰　巩晓昕　谢丰蔚
　　　　　郑　旭　安　明　柏　慧　陈嘉怡　崔　喆
　　　　　姜劢杰　孙祎琪　汪林昕　王今一　张倩玉
　　　　　鲁　敬　石　亮　陈皓冉　张苗苗　车　鑫
　　　　　余晓鸿　杨　帆　孙慧盟　田子瑜　张新峰
　　　　　毕　然　李　振　袁烨桐　边　航　宫　艺
　　　　　杨建梅　曹丽琼　巩志远　邓志国　秦福军
　　　　　王　犇　王　贺　王云飞　刘　娜　李　譞
　　　　　于子祎

前言

为深入贯彻习近平新时代中国特色社会主义思想，加快构建新发展格局，推动高质量发展，国家发展改革委、国资委针对"盘活存量资产、扩大有效投资"工作进行专题部署，对提升企业经营管理水平、扩大有效投资、降低企业负债水平具有重要意义。

盘活库存物资是落实《国家电网有限公司实物资源管理办法》的有效形式，是服务国家电网有限公司高质量发展、深化绿色现代数智供应链体系建设、提升物资周转利用效率、实现企业经营降本增效的重要举措。

在开展盘活库存物资过程中，国网北京市电力公司以"依法合规、集中处置、科学调配、高效利用"为原则，先后编制了实物资源管理工作要点、实物资源盘活利用专项工作方案，形成了库存物资盘活典型案例，本书的编写基础即源于此。全书共分为三个部分。第一部分为绪论，主要介绍盘活库存物资的背景意义，并从技术层面、管理层面介绍盘活库存物资的主要举措；第二部分为配网设备材料，主要围绕配网常用设备、材料介绍技术特征、利库技术方案；第二部分为主网设备材料，主要围绕主网常用设备、材料介绍技术特征、利库技术方案。

希望本书的编制和出版，对电网企业相关人员开展盘活库存物资工作提供有益参考和帮助。

限于编者水平和经验，书中不当之处在所难免，诚挚希望广大读者提出宝贵的意见和建议，以便进一步丰富和完善本书内容，为持续深入开展盘活库存物资工作奠定坚实基础。

编　者

目录

前言

| 绪论 001

上篇　配网设备材料

1　10kV 箱式变电站 008
　　1.1　技术原则 008
　　　　1.1.1　概述 008
　　　　1.1.2　接线形式 008
　　　　1.1.3　结构及布置 009
　　　　1.1.4　外壳 009
　　　　1.1.5　接地 010
　　　　1.1.6　防护等级 010
　　　　1.1.7　面板和门 010
　　　　1.1.8　箱式变电站二次接口要求 011
　　1.2　利库技术方案 014

2　10kV 变压器 015
　　2.1　技术原则 015
　　　　2.1.1　概述 015
　　　　2.1.2　变压器安装轨距参数 016
　　　　2.1.3　油浸变压器二次接口要求 017
　　　　2.1.4　干式变压器二次接口要求 017
　　2.2　利库技术方案 017

1

3 环网柜·····019

3.1 技术原则·····019
3.1.1 概述·····019
3.1.2 环网柜技术参数·····019
3.1.3 环网箱技术参数·····023
3.1.4 电动操动机构·····024
3.1.5 环网柜的电气二次接口要求·····025

3.2 利库技术方案·····026
3.2.1 环网柜组装环网箱·····027
3.2.2 电压互感器柜电缆连接独立安装·····029
3.2.3 现有设备扩展间隔·····029
3.2.4 电动操动机构·····032
3.2.5 注意事项·····032

4 高、低压开关柜·····033

4.1 技术原则·····033
4.1.1 概述·····033
4.1.2 总体要求·····033
4.1.3 回路要求·····034
4.1.4 电源配置·····034
4.1.5 端子排及接线要求·····034

4.2 利库技术方案·····035

5 配电站所终端设备（DTU）·····036

5.1 技术原则·····036
5.1.1 概述·····036
5.1.2 结构形式·····036
5.1.3 电源要求·····036
5.1.4 站所终端功能·····037
5.1.5 站所终端外观·····040

5.2 利库技术方案·····040

6 柱上负荷开关、10kV 电压互感器、馈线终端设备（FTU） 042
6.1 技术原则 042
6.1.1 柱上真空负荷开关 042
6.1.2 10kV 电压互感器（TV） 043
6.1.3 馈线终端设备（FTU） 043
6.1.4 配套通信方式选择 044
6.2 利库技术方案 044

7 10kV 铁塔 047
7.1 技术原则 047
7.1.1 概述 047
7.1.2 杆型的划分 047
7.1.3 杆塔定位的原则 049
7.1.4 10kV 铁塔中技术处理要点 049
7.2 利库技术方案 050
7.2.1 10kV 铁塔利旧基本资料 050
7.2.2 10kV 铁塔利旧经济性 051

8 锥形水泥杆 052
8.1 技术原则 052
8.1.1 概述 052
8.1.2 电杆杆型选取原则 053
8.1.3 杆塔基础形式 054
8.1.4 杆塔路径选择定位原则 054
8.2 利库技术方案 055

9 柱上低压综合配电箱 057
9.1 技术原则 057
9.1.1 概述 057
9.1.2 柱上低压综合 Ⅰ 型配电箱基本方案 058
9.1.3 柱上低压综合 Ⅱ 型配电箱基本方案 063
9.2 利库技术方案 068

10 10kV 架空绝缘导线 071
10.1 技术原则 071

    10.1.1 概述 ··· 071

    10.1.2 导线型号选取原则 ··· 072

    10.1.3 绝缘导线参数 ·· 073

    10.1.4 10kV 架空绝缘导线的应用 ··· 074

    10.1.5 10kV 架空绝缘导线的优点 ··· 075

  10.2 利库技术方案 ··· 075

11 10kV 电缆 ·· 076

  11.1 技术原则 ··· 076

    11.1.1 概述 ··· 076

    11.1.2 路径敷设要求 ·· 076

    11.1.3 电缆选择原则 ·· 076

    11.1.4 电缆型号及使用范围 ··· 076

    11.1.5 电缆绝缘屏蔽、金属护套、铠装、外护套选择 ················· 077

    11.1.6 电缆截面选择 ·· 077

    11.1.7 电缆附件选择 ·· 079

  11.2 利库技术方案 ··· 080

12 1kV 电缆 ·· 082

  12.1 技术原则 ··· 082

    12.1.1 概述 ··· 082

    12.1.2 运行条件选择 ·· 082

    12.1.3 路径敷设要求 ·· 082

    12.1.4 电缆选择原则 ·· 083

    12.1.5 电缆型号及使用范围 ··· 083

    12.1.6 电缆铠装、外护套选择 ·· 083

    12.1.7 电缆截面选择 ·· 084

    12.1.8 电缆附件选择 ·· 085

  12.2 利库技术方案 ··· 086

13 电缆保护管 ·· 087

  13.1 技术原则 ··· 087

    13.1.1 概述 ··· 087

    13.1.2 技术要求 ·· 087

  13.2 利库技术方案 ········· 088

| 14 光缆和光通信设备 ········· 090
  14.1 技术原则 ········· 090
    14.1.1 光纤带光缆 ········· 090
    14.1.2 光通信设备 ········· 090
  14.2 利库技术方案 ········· 093
    14.2.1 光纤带光缆 ········· 093
    14.2.2 光通信设备 ········· 093

| 15 镀锌钢绞线 ········· 094
  15.1 技术原则 ········· 094
  15.2 利库技术方案 ········· 094

下篇 主网设备材料

| 16 铁塔 ········· 096
  16.1 技术原则 ········· 096
    16.1.1 铁塔型式分类 ········· 096
    16.1.2 铁塔型式选择 ········· 097
    16.1.3 工程中常用铁塔类型 ········· 097
    16.1.4 铁塔优势介绍 ········· 098
    16.1.5 国家电网模块铁塔 ········· 098
    16.1.6 工程中铁塔使用情况及剩余情况 ········· 103
  16.2 利库技术方案 ········· 103
    16.2.1 利库前的设计输入 ········· 103
    16.2.2 利库实施 ········· 104
    16.2.3 利库注意事项 ········· 110

| 17 钢管杆 ········· 111
  17.1 技术原则 ········· 111
    17.1.1 钢管杆型式分类 ········· 111
    17.1.2 钢管杆使用原则及要求 ········· 111
    17.1.3 钢管杆技术要求 ········· 112

  17.1.4　钢管杆优势介绍 ·· 112
  17.1.5　国家电网模块钢管杆 ·································· 112
  17.1.6　工程中钢管杆使用情况及剩余情况 ····················· 116
 17.2　利库技术方案 ··· 117
  17.2.1　利库前的设计输入 ····································· 117
  17.2.2　利库实施 ··· 117
  17.2.3　利库注意事项 ··· 122
  17.2.4　常态化管控措施 ······································· 122

18　导线 ·· 124
 18.1　技术原则 ··· 124
  18.1.1　工程常用物资情况介绍 ································· 124
  18.1.2　导线型号的含义 ······································· 125
 18.2　利库技术方案 ··· 125
  18.2.1　利库前的设计输入 ····································· 125
  18.2.2　利库实施 ··· 126
  18.2.3　利库注意事项 ··· 129

19　电力电缆 ·· 130
 19.1　技术原则 ··· 130
  19.1.1　电压等级和芯数 ······································· 130
  19.1.2　电缆结构 ··· 130
  19.1.3　工程使用及剩余情况 ··································· 133
 19.2　利库技术方案 ··· 134
  19.2.1　利库前的设计输入 ····································· 134
  19.2.2　利库实施 ··· 134
  19.2.3　利库注意事项 ··· 134

20　10kV 电缆 ·· 135
 20.1　技术原则 ··· 135
  20.1.1　10kV 电缆简介 ·· 135
  20.1.2　工程使用情况 ··· 135
 20.2　利库技术方案 ··· 136
  20.2.1　利库前的设计输入 ····································· 136

	20.2.2 利库实施方式 136
	20.2.3 利库注意事项 137

21 控制电缆 138

21.1 技术原则 138

21.1.1 控制电缆介绍 138

21.1.2 控制电缆使用条件 138

21.2 利库技术方案 138

21.2.1 控制电缆的盘活方案 138

21.2.2 报废 139

22 OPGW 光缆及光缆金具 140

22.1 技术原则 140

22.2 利库技术方案 140

22.2.1 利库前的设计输入 140

22.2.2 利库实施 140

22.2.3 利库注意事项 142

参考文献 144

绪 论

1. 盘活库存物资的背景与意义

物资管理是企业生产经营活动的重要组成部分，是支撑和保障企业安全生产、经营发展的基础，具有举足轻重的地位。库存物资是指存储在电网公司各级仓库中的物资，库存物资管理是物资管理中的一个重要分支，是衡量一个企业物资管理水平的重要评价指标，也是关系电网公司经营效益与水平的重要评价指标。

评价库存物资管理水平的重要指标包括库存物资的总金额、库存物资的库龄、库存物资的品类、库存物资的周转效率等。由于公司物资管理工作采用集中采购、集中存储的管理模式，工程项目所需物资在采购到货后将统一纳入公司物资中心库存储保管，待工程实际需要时再办理出库手续。这部分库存物资库龄较短、性能较优、用途目标较为明确，周转效率较高，属于健康的库存物资。而由于初步设计细化程度不够、项目延期或取消、物资特性不满足企业生产建设需要、账卡物（物资台账、资产卡片、实物）不一致等原因，库存物资短期无法利用、长期占用仓库资源和资金，将会影响企业的生产经营效率。因此，库存物资盘活利用是提升库存物资质效的重要手段和方法。

形成库存物资的原因

（1）工程项目初步设计不详细、不准确。由于工程项目紧急，前期踏勘不够详备，设计人员设计颗粒度不够，物资采购时间急迫，据此采购的物资与工程项目实际需要存在出入，导致采购物资无法正常使用，进而形成库存物资。

（2）工程项目发生变化。在工程项目推进过程中，受到地方政府政策变化、拆迁征地补偿、配套资金无法到位、施工许可审批滞后等不可抗因素的制约，使得工程项目无限期延后或者取消，导致已采购的工程项目物资形成剩余库存物资。

（3）企业生产管理政策变化。主要是受国家、企业的政策影响，企业技术路线发生演进，技术进步和政策"一刀切"导致库存物资无法应用，最终形成剩余库存物资。

（4）管理不到位导致物资的账卡物不一致。在企业的物资管理过程中，由于物资保管不到位、工程项目间拆借物资、供应商代为保管、应急抢修物资已使用但无法安排项目等原因，导致账卡物不一致，进而形成剩余库存物资。

剩余库存物资的典型特征

（1）库龄较长。库龄在 3 年以内的物资通常是正常可用物资，此类物资占绝大多数；3~6 年的物资，在盘活利用上就存在一定的难度，但通过技术调整、变通、维修改造，还是可以满足企业标准要求；6 年以上的物资，在实际利用上存在较大的难度。通常情况下，库龄 3 年以内的物资主要为近期工程项目采购、暂时存储在仓库的物资，一旦工程项目具备条件，就可以应用到项目上，而库龄 3 年以上的物资尤其是 6 年以上的物资，在使用上就越来越困难。

（2）技术落后。主要受企业发展、技术进步影响，长期积压在库的物资，在技术上也存在落后的现象，无法满足企业生产运行条件，不符合国家政策、地方法规。比如，按照运行要求，在配电线路上不再使用柱上负荷开关，而是使用柱上断路器。

（3）定向设计。类似铁塔、钢管杆等物资，在实际采购中需要根据工程项目实际进行定向设计，要充分考虑杆塔的高度、形状、弧垂、耐张等因素，需在开展库存物资盘活时紧密结合现有物资的设计特性。

（4）单一品类库存量大、库存物资价值高。由于政策、技术等调整的原因，导致企业某个时期集中采购的物资在后续工程中无法继续使用，进而使得单一品类的物资在仓库中长期积压，周转出库率较低，库存量较大。

盘活库存物资的必要性

为了保障企业生产经营的正常有序开展，储存一定量的物资是很有必要的，但储存大量技术落后、长期无法得到消纳的物资，则会对企业正常的生产经营形成制约。因此，及时、有序地开展库存物资的盘活工作是很有必要的。

（1）库存物资占用企业大量资金。通常情况下，由于库存物资在性能、技术上无法满足新开工项目的实际需求，新项目需要投入资金采购符合需求的新物资。原已投入的资金被库存物资长期占用，降低了企业资金周转效率。通过盘活库存物资，可以显著释放企业占用资金。

（2）库存物资占用企业大量仓储资源。企业仓库的日常管理是有成本的，需要定期盘点、清理；兴建仓库需要土地、资金，且企业仓库的库容有限。库存物资长期占用企业仓储资源，降低了仓储资源的周转效率，增加了企业经营的负担，还会使新增采购物资无法入库。通过盘活库存物资，可以显著释放企业仓储资源，提升仓储周转效率。

（3）库存物资面临资产减值或流失的风险。由于库存物资占用仓储资源，导致新增采购物资无法及时入库，分散存储或者委托供应商保管极易导致物资账卡物不一致；存储在企业仓库里的物资，随着时间的推移，面临资产减值的风险，并且由于管理上的问题，时间一长容易导致资产无法核实甚至流失。通过盘活库存物资，可以避免资产减值或流失的风险。

（4）库存物资面临无法使用的风险。随着时间的流逝和技术的进步，库存物资面临技术落后和实物破损的风险。如果库存物资不能及时利用，一旦管理政策随着技术进步而发生变化，库存物资将无法盘活应用，只能作为库存物资长期存放，等待报废；如果是破损的物资，则面临维修困难和维修费用较高的情况。通过盘活库存物资，可以有效避免物资报废的风险。

2. 盘活库存物资的主要举措

盘活库存物资对于企业生产经营意义重大，需要企业相关部门协同配合，才能有效推进落实。在国家大力提倡信息化、智能化、可视化等的大背景下，企业持续推进现代智慧供应链体系建设，统一的管控平台为高效开展盘活库存物资工作奠定了坚实的基础。

作为集团化运作的企业，盘活库存物资工作主要从管理、技术两个维度开展。

管理层面

（1）"两级两阶段"平衡利库。"两级"是指分公司、总公司两个层级。分公司开展跨项目、跨专业的物资需求梳理、匹配；总公司（由物资公司具体执行）开展跨单位的物资需求梳理、匹配。比如，配网物资计划管理流程如图 0-1 所示。

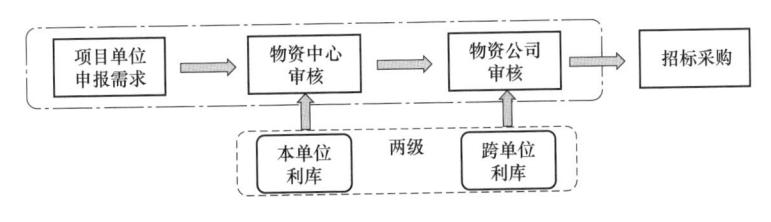

图 0-1 配网物资计划管理流程

平衡利库的"两阶段"是指在开展协议库存的需求匹配过程中，包括招标采购前的预测需求阶段、招标采购结束后的实际需求阶段。比如，配网计划管理流程如图 0-2 所示。

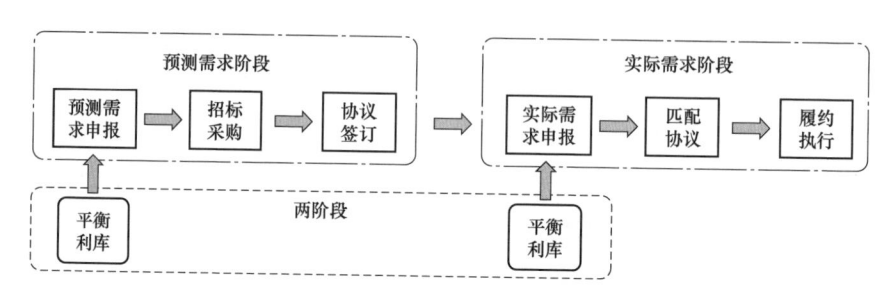

图 0-2　配网计划管理流程

（2）跨省调拨。作为跨行政区划的电网企业，可以发挥集团公司的资源统筹优势。不同省份适用的物资需求存在差异，在直辖市、东部发达省份不再使用的库存物资，可以通过集团公司的统筹协调，调拨至欠发达省份使用。

（3）"账卡物一致性"梳理。在盘活库存物资的过程中，面临的典型问题就是账卡物不一致。系统中的物资台账、资产卡片、实物之间对不上，会给后续的库存物资盘活工作带来困扰。台账与实物对不上，让两级平衡利库无法发挥作用，也为后续的报废处置工作带来困难。因此，在日常的物资管理工作中，加强"账卡物一致性"梳理实有必要。

技术层面

主要是由设备运行管理部门结合公司实际，在技术层面进行策略的调整。比如，设备部门的技术政策如下。

（1）10m 电杆可用于低压线路改造，12m、15m 电杆正常用于配网工程。

（2）10kV 电缆和低压电缆盘长低于 50m 可报废，50～300m 用于抢修运维，大于 300m 可用于配网工程，截面可采用"以大带小"。

（3）10kV 架空绝缘线、钢绞线盘长低于 100m 可报废，100～300m 用于抢修运维，大于 300m 可用于配网工程，截面可采用"以大带小"。

（4）10kV 箱式变电站、柱上变压器、配电箱用于度夏、度冬应急抢修物资储备。

（5）高压柜、环网柜（箱）、低压柜用于配网工程，同一工程如需增加面数，可在招标时补充编制接口技术规范。

（6）柱上负荷开关、FTU、10kV 电压互感器在"三省"工程和故障抢修中配套使用。

（7）配电终端（DTU）、负荷操动机构通过申请扩展性改造工程、技改工程逐步消纳。

（8）玻璃钢纤维、海泡石管等电缆保护管，可正常用于配网工程。

（9）10kV 无间隙避雷器申请国家电网公司调拨支援西部省（区）使用。

（10）钢管杆、绝缘子在山区"煤改电"等配网工程中应用。

3. 盘活库存物资工作成效

在各部门、各单位的共同努力下，自 2019 年以来，国网北京市电力公司年均库存物资规模下降了 62%，库存周转率提升了 32%，库存物资盘活成效显著。

本书将主要从技术层面，分别针对配网设备材料和主网设备材料，介绍典型库存物资的盘活策略。

上篇 配网设备材料

1　10kV 箱式变电站

1.1　技　术　原　则

1.1.1　概述

箱式变电站是在一个或一组封闭的壳体内选用节能和环保型元件（主要包括电力变压器、高压开关设备和控制设备、低压开关设备和控制设备），用电缆、母线等在工厂内进行相应的连接，预装为一个整体的电力设备。箱式变电站一般用于施工用电、临时用电场合、架空线路入地改造地区，以及配电室无法扩容改造的场所。按照使用要求，箱式变电站可分为环网型、终端型两类。

按照布局形式，又可分为组合式变电站和预装式变电站两种。其中组合式变电站是指将高压负荷开关、熔断器与变压器本体安装在同一个密闭的油箱内，并设有独立低压电气室结构形式的箱式变电站，简称为美式箱变；预装式变电站是指将变压器、负荷开关、低压电器等设备采用隔板或移门分隔的结构形式，共同安装于同一个外壳箱体内，不同设备之间采用电缆、母线连接的箱式变电站，简称为欧式箱变。

美式箱变在北京地区已多年不使用，库存的箱式变电站物资均为欧式箱变。

1.1.2　接线形式

10kV 箱式变电站采用单母线接线，10kV 进线 1 回，变压器单元出线 1 回，环出线 1 回，10kV 采用气体绝缘负荷开关柜，箱内单列布置；380V 采用挂接面板上安装空气断路器；变压器选用 S13 级全密封油浸式变压器；10kV 箱式变电站采用电缆进出线。

1.1.3 结构及布置

（1）欧式箱变有独立的变压器室，高压室和低压室可采用独立小室或共用一个小室。布置方式一般分为"品"字型布置或"目"字型布置。

（2）隔室之间采用隔板或移门分隔，如采用移门分隔，应有门锁装置确保它不能被随意打开。

（3）欧式箱变宜采用自然通风方式，自然通风条件下，在额定和1.5倍短时过负荷运行状态下的温升应不超过各元件相应标准中规定的最高允许温度和温升极限。如果变压器在周围环境温度下，采用自然通风不能保证在额定容量下正常运行时，应在变压器隔室内配备强制通风冷却装置。

（4）当需要操作人员从欧式箱变内部操作元件时，应预留内部操作通道，该操作通道的宽度应不小于800mm，且在任一设备开启位置、开关设备和控制设备突出的机械传动装置不应将通道的宽度减小到500mm以下。

1.1.4 外壳

（1）欧式箱变的外观设计应美观并尽量与周边的环境相适应，具有良好的视觉效果。

（2）采用非导电材料制作的外壳应满足符合《高压/低压预装式变电站》（GB 17467—2020）和《高压/低压预装式变电站》（DL/T 537—2018）中关于绝缘的要求。

（3）基座和外壳、隔板可采用金属材料或阻燃性非金属材料制成。如采用金属材料，厚度应不低于2mm，须经防腐处理，并喷涂防护层，防护层应喷涂均匀并有牢固的附着力，保证20年不锈蚀；如采用阻燃性非金属材料，材料的阻燃性应满足GB 17467—2020中的要求。欧式箱变外部遮挡装饰层宜采用阻燃、耐老化、不易变形的复合材料。

（4）顶盖宜采用双层，斜顶结构，坡度不小于10°，有隔热作用，减少日照引起的变电站室内温度升高，顶部承受不小于$2500N/m^2$负荷，并确保箱顶不渗水、滴漏。

（5）在欧式箱变外壳结构中使用的材料防火等级应防止在欧式箱变内部或外部着火时的最低性能水平。

（6）基座是欧式箱变外壳的一部分，是开关设备和变压器的安装基础，宜采用金属制成，须有足够的机械强度，以确保欧式箱变在吊装、运输和使用过程中不发生变形和损坏。基座上需有至少 4 个以上可伸缩式起重销，以确保安全运输。

（7）欧式箱变隔室内应装设防潮装置，防止因凝露而影响电器元件的绝缘性能，并防止凝露对金属材料的锈蚀。

（8）基座、设备及设备支座必须按承受地震荷载时能保持结构完整来设计。

1.1.5 接地

（1）欧式箱变的接地系统应符合 GB 17467—2020 和 DL/T 537—2018 的要求。

（2）欧式箱变的接地系统应提供一个将不属于设备主回路和辅助回路的所有金属部件接地的铜质主接地导体，每个元件通过单独的连接线与之相连，该导体应包含在主接地系统中。

（3）欧式箱变的接地导体上应设有不少于两个与接地网相连接的铜质接地端子，其电气接触面积应不小于 160mm^2。接地点应有明显的接地标识。

（4）主接地系统的导体应设计成能够在系统的中性点接地条件下耐受额定短时和峰值耐受电流。

（5）设备的接地端子应是螺栓式，适合于连接。接地连接线应为铜质，其截面应与可能流过的短路电流相适应。

（6）门与柜架连接的接地线应不小于 2.5mm^2。

1.1.6 防护等级

（1）变压器室的防护等级不低于 IP33D，其他隔室的防护等级不得低于 IP43。

（2）当欧式箱变内的设备是由操作人员从外部操作时，高压开关设备和控制设备的外壳的保护等级不低于 IP42，内部隔室间的保护等级不低于 IP2XC；低压开关设备和控制设备的外壳的保护等级不低于 IP32D，内部隔室间的保护等级不低于 IP2XC。

（3）变压器隔室的门打开后，还应装设可靠的安全防护网或遮栏，以防在带电状态下人员进入。

1.1.7 面板和门

（1）欧式箱变的门不应高于 1800mm，并应装有具有防盗、防锈、防堵功能的门锁。

（2）欧式箱变的门应能向外开启，开启角度不小于105°，开启后应有可靠装置锁定，防止其关闭。

（3）欧式箱变外侧立面应设置明显的安全警告标识和标志。安全警告标识和标志的喷涂应满足《配电网施工检修工艺规范》（Q/GDW 742—2012）的要求。

1.1.8 箱式变电站二次接口要求

预留配电自动化终端（Distribution Terminal unit，DTU）及"三遥""二遥"安装位置，用于中低压电网的各种远方监测、控制。根据需要配置"三遥""二遥"终端，DTU采用模块化、可扩展、低功耗的产品，具有高可靠性和适应性，支持多种通信方式，通信协议和规约，能与不同的一次设备以及主站完好的配合。"三遥"终端典型尺寸（宽×深×高）为600mm×400mm×1600mm；"二遥"终端典型尺寸为（宽×深×高）600mm×400mm×300mm。

高压负荷开关预留开关辅助触点，用于采集开关位置；如需配置"三遥"功能，负荷开关还需配置电动操动机构。变压器安装温度控制器，用于采集变压器温度。10kV进出线加装故障指示器。

环网型箱式变电站电气主接线如图1-1所示。

环网型箱式变电站10kV电气接线见表1-1。

表1-1 环网型箱式变电站10kV电气接线

高压开关柜编号		AH1	AH2	AH3
主母线	630A			
10kV电气系统图				
开关柜名称		进线单元	变压器单元	出线单元
开关柜型号				
开关柜尺寸				

续表

高压开关柜编号	AH1	AH2	AH3
三工位负荷开关　12kV　20kA/3S	1	1	1
额定电流（A）	630	200	630
熔断器 63A		3	
电动操动机构	1	1	1
远方当地转换开关	1	1	1
跳合闸按钮	2	2	2
指示灯	2	2	2
电流互感器　400/5A　0.5级　5VA	2		2
零序电流互感器　100/5A　10P5　2.5VA	1		1
带电显示器	1	1	1
接地开关　20kA/3S		1	
过温脱扣装置		1	
变压器容量（kVA）		630kVA	
出线电缆型号规格		YJY-3×1×50mm^2	

注：1. 订货时厂家备一组（3只）熔断器。

2. 熔断器带撞针可联跳开关。

3. 每一组 SF$_6$ 环网柜设置二次小室。

4. 变压器单元配负荷开关及接地开关位置辅助触点，设电动操动机构，操作电压 DC48V。

5. 每一组 SF$_6$ 环网柜安装一块气体压力检测表，配气体压力报警触点。

6. 进线柜接地开关加挂锁。

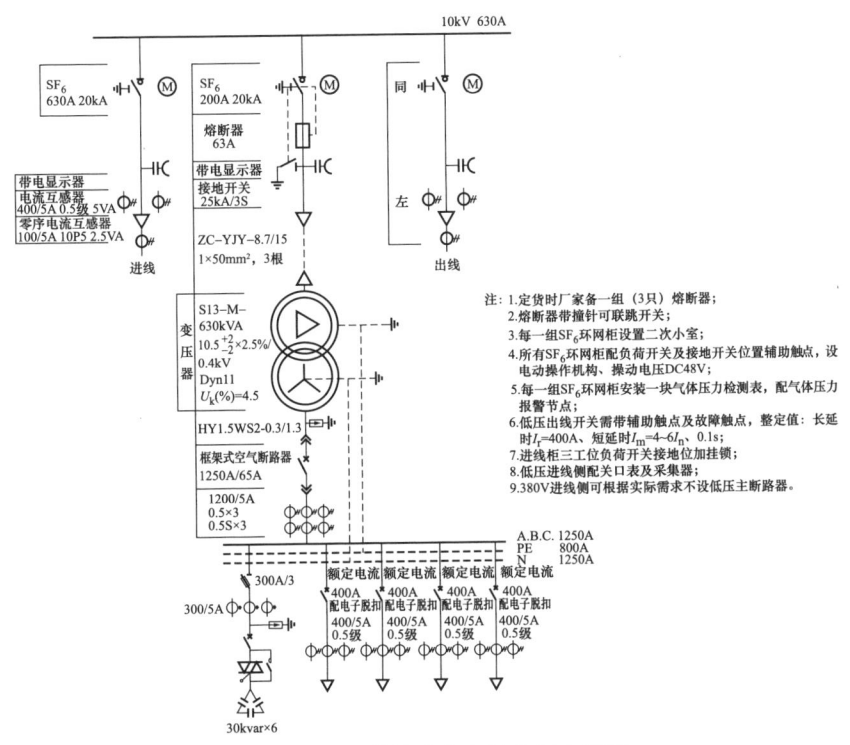

图 1-1 环网型箱式变电站电气主接线

10kV 箱式变电站平断面布置如图 1-2 所示。

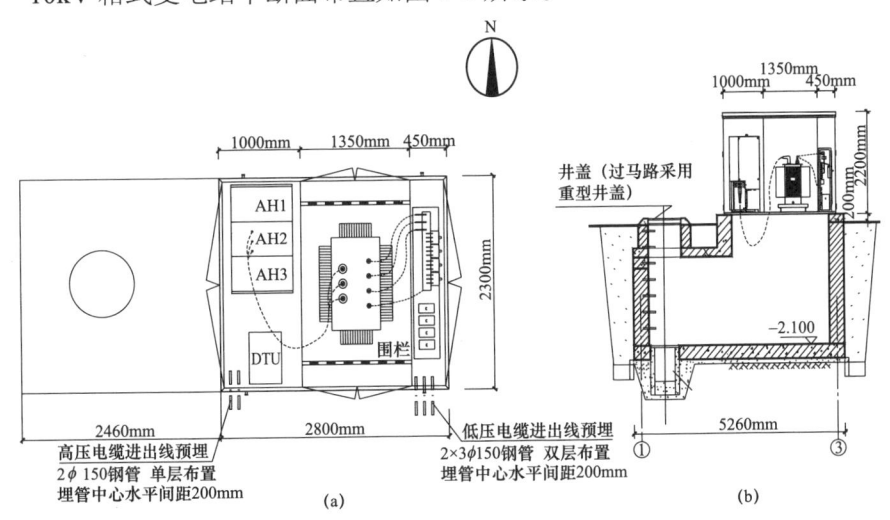

图 1-2 10kV 箱式变电站平断面布置
（a）平面图；（b）断面图

注：新安装 630kVA 欧式箱式变电站 1 座，其中包括：513-M-630kVA 油浸式变压器 1 台；高压 SF$_6$ 环网柜 3 面，并排布置；低压控制面板 1 组（电容器按照变压器容量 30% 补偿）。

1.2 利库技术方案

通过分析筛选库存中 10kV 箱式变电站的容量及规模,使用时可以"以大代小""以高带低",优先用于度夏、度冬及日常的应急抢修或老旧小区改造工程。

(1)利库前需对库存箱式变电站进行检测,确保库存设备能够正常使用,满足使用要求。如不满足使用要求,首先应进行修理。

(2)使用时可根据现场情况"以大代小""以高带低",如 630kVA 容量箱式变电站可代替 400kVA 容量箱式变电站使用,环网型箱式变电站可代替终端型箱式变电站使用。

(3)使用前应检查电缆孔密封性能良好,高、低压室密封良好,应能保证高低压设备不受潮。

(4)欧式箱变的变压器在壳体内外的温升差值较大,在选用变压器时,需与箱式变电站外壳的通风散热水平相均衡,保证变压器在箱式变电站壳体内温升小于要求值。

(5)提高箱式变电站在运输、吊装过程中的整体强度;同时保证一次回路铜排紧固可靠,避免螺栓紧固不到位,造成接触面温升过高。

(6)库存物资优先用于度夏、度冬及日常的应急抢修或老旧小区改造工程。

2　10kV 变 压 器

2.1　技　术　原　则

2.1.1　概述

配电变压器是一种静止的电气设备，是用来将某一数值的交流电压（电流）转换为频率相同的另一种数值的电压（电流）的设备。按照绝缘介质，可分为油浸式变压器和干式变压器；按铁心材质，可分为硅钢片变压器和非晶合金变压器。

100kVA 以下小容量油浸式变压器适用于农网地区供电，100~400kVA 油浸式变压器适用于城乡接合部及无法新建配电室及箱式变电站的老城区等地区。户内独立配电室可采用油浸式变压器，此时配电室需设置在地上一层且是独立建筑物，安装时需考虑防火及通风要求。

干式变压器适用于公共建筑物及非独立式建筑物内，安装时需考虑变压器防火、散热及噪声要求。

柱上三相油浸式变压器容量不宜超过 400kVA，独立建筑配电室内的单台油浸式变压器容量不宜超过 630kVA。

配电室内单台干式变压器容量不宜超过 1000kVA，并采取减震、降噪等措施。

在非噪声敏感区域且平均负载率低、轻（空）载运行时间长的区域，宜优先采用非晶合金配电变压器供电。

在季节负荷变化大、平均负载率不高的农村地区，宜优先采用高过载能力的配电变压器。

单相变压器适用于偏远地区或架设三相变压器不方便的地区，可采用单杆安装方式。小容量三相变压器也可采用单杆安装方式，适用于架设条件苛刻及通道紧张区域。

在季节性负荷峰谷变化大或周期性负荷变化较大区域，宜优先采用调容调压变压器。

2.1.2 变压器安装轨距参数

（1）三相油浸式配电变压器安装轨距见表 2-1。

表 2-1　三相油浸式配电变压器安装轨距

变压器容量/kVA	轨距（横向×纵向）/mm
30	400×400
50	400×400
100	400×450
200	550×550
315	550×550
400	550×550
500	550×550
630	660×660
1250	660×850

（2）三相干式变压器安装轨距见表 2-2。

表 2-2　三相干式变压器安装轨距

变压器容量/kVA	轨距（横向×纵向）/mm
30	550×550
50	550×550
315	660×660
400	660×660
500	660×660
630	660×660
800	820×820

续表

变压器容量/kVA	轨距（横向×纵向）/mm
1000	820×820
1250	1070×820
1600	1070×820
2000	1070×820

2.1.3 油浸变压器二次接口要求

（1）油浸式变压器油温测量装置。单、三相油浸式变压器均应有供玻璃温度计用的管座，应焊在油箱的上部，并深入油内 120mm±10mm。

（2）信号温度计。1000kVA 及以上的变压器宜装设户外式信号温度计。信号温度计的安装位置应便于观察，且其准确度应符合相应标准。

（3）气体继电器容量在 800kVA 及以上的油浸变压器应装有气体继电器。

1）气体继电器其触点容量应满足二次继电保护等相关要求。

2）气体继电器的安装位置及其结构应能观察到分解出气体的数量和颜色，而且应便于取气。

3）积聚在气体继电器内的气体数量达到 250~300mL 或油速在整定范围内时，应分别接通相应的触点。

2.1.4 干式变压器二次接口要求

（1）干式变压器温度保护装置。干式变压器温度保护装置用于跳闸和报警，变压器应有超温报警和超温跳闸功能触点。

（2）干式变压器冷却装置。

1）变压器的冷却装置应按负载和温升情况自动投切。

2）变压器过负荷及温度异常由变压器温控装置启动风机，并向上级保护发送跳闸信号功能。

2.2 利库技术方案

对于变压器的利库容量及规模可以"以大代小""以高带低"，可用于度夏、度冬、日常的应急抢修及工程建设。

（1）利库前需对库存变压器进行相关检测，确保库存设备能够正常使用，满足使用要求。如不满足使用要求，首先应进行修理。

（2）使用时可根据现场情况"以大代小""以高带低"，如 800kVA 容量变压器可代替 630kVA 容量箱式变电站使用，建议相邻序列型号以大代小，不建议跨序列代替。干式变压器可代替油浸式变压器使用。在充分论证消防安全的前提下，可使用油浸式变压器代替干式变压器使用。

（3）提高变压器在运输、吊装过程中的整体强度；同时保证一次回路铜排紧固可靠，避免螺栓紧固不到位，造成接触面温升过高。

（4）变压器高低压裸露带电桩头可加装绝缘护罩，防止人员误触，同时保证高低压相间绝缘，起到防尘、防潮作用，防止变压器运行时相间爬电或短路，造成设备故障的问题。

3 环 网 柜

3.1 技 术 原 则

3.1.1 概述

环网柜按照使用场所可分为户内环网柜和户外环网柜两种。户内环网柜一般采用间隔式，称为环网柜；户外环网柜一般采用组合式，称为环网箱或开闭器。

3.1.2 环网柜技术参数

1. 通用技术参数

（1）环网柜应保证设备运维、检修试验、带电状态的确定、连接电缆的故障定位等操作能安全进行。

（2）环网柜的设计应能在允许的基础误差和热胀冷缩的热效应下不致影响设备所保证的性能，并满足与其他设备连接的要求，与结构相同的所有可移开部件和元件在机械和电气上应有互换性。

（3）环网柜应配置面板式带电显示器（带二次核相孔、按回路配置），应能满足验电、核相的要求。高压带电显示装置的显示器接线端子对地和端子之间应能承受 2000V/min 的工频耐压。传感器电压抽取端及引线对地应能承受 2000V/min 的工频耐压。感应式带电显示装置，其传感器要求与带电部位保持 125mm 以上空气净距要求。进、出线柜应装有能反映进出线侧有无电压，并具有联锁信号输出功能的带电显示装置。当线路侧带电时，应有闭锁操作接地开关及电缆室门的装置。

（4）未实施配电自动化的环网柜内每路电缆最低宜配置具有电缆故障报警和电缆终端测温功能的"二遥"电缆故障指示器，并具有远传功能。其中主环网节点应配置"三遥",分支型环网可配置"二遥"。

(5)环网柜中各组件及其支持绝缘件爬电比距应满足瓷质材料不小于18mm/kV,有机材料不小于20mm/kV,固体绝缘可降低要求。

(6)环网柜设备的泄压通道应设置明显的警示标识。

2. 功能隔室技术要求

(1)环网柜应具有高压室和电缆室、控制仪表室与自动化单元等金属封闭的独立隔室。

(2)各隔室结构设计上应满足正常使用条件和限制隔室内部电弧影响的要求,并能防止因本身缺陷、异常使用条件或误操作导致的电弧伤及工作人员,能限制电弧的燃烧范围,环网柜应有防止人为造成内部故障的措施。

(3)采用固体绝缘的环网柜,固体绝缘组件局部放电量应≤5pC(1.2U_r下测量值);断路器柜、负荷开关柜、组合电气柜整柜的局部放电量应≤20pC(1.2U_r下测量值);计量柜或电压互感器(TV)柜的局部放电量应≤80pC(1.2U_r下测量值);电流互感器(TA)、电压互感器(TV)的局部放电量应≤10pC(1.2U_r下测量值)。

(4)环网柜相序按面对环网柜从左至右排列为A、B、C,从上到下排列为A、B、C,从后到前排列为A、B、C。

(5)环网柜应具有防污秽、防凝露功能,二次仪表小室内可安装温湿度控制器及加热装置。

(6)环网柜电缆室、控制仪表室和自动化单元室宜设置照明设备。

(7)环网柜电缆室电缆连接头至柜体底部的高度为650mm,并应满足设计额定电流下的最大线径电缆的应力要求。

(8)柜内进出线处应设置电缆固定支架和抱箍。

(9)预留独立的配电自动化单元安装空间,防护等级为IP4X,满足防污秽、防凝露要求。

3. 开关设备技术要求

(1)环网柜柜内开关设备可选用负荷开关、断路器、负荷开关—熔断器组合电器及隔离开关等,各设备的功能和性能应满足《高压交流断路器》(GB 1984—2014)、《高压交流隔离开关和接地开关》(GB 1985—2023)、《3.6kV~40.5kV 高压交流负荷开关》(GB 3804—2017)、《高压交流负荷开关 熔断器组合电器》(GB/T 16926—2009)及《高压交流开关设备和控制设备标准的共用技术要求》（GB/T 11022—2020）中的规定。

（2）负荷开关可选用二工位或三工位负荷开关，二工位负荷开关与接地开关间应有可靠的机械防误联锁，负荷开关及接地开关操作孔应有挂锁装置，挂锁后可阻止操作把手插入操作孔。

（3）负荷开关—熔断器组合电器用撞击器分闸操作时，应能开断转移电流，由分励脱扣器分闸操作时，应能开断交接电流。熔断器撞击器与负荷开关脱扣器之间的联动装置应在任一相撞击器动作时使负荷开关能可靠动作；三相同时动作时，不应损坏脱扣器。

（4）负荷开关—熔断器组合电器回路如用于变压器保护，可加装分励脱扣装置。

（5）与二工位隔离开关配合使用单独安装的接地开关应具备两次关合短路电流的能力，额定短时耐受电流及持续时间不低于20kA/2s，额定短路关合电流不低于50kA。

（6）环网负荷开关柜一般选用额定电流630A，额定短时耐受电流应不小于20kA/4s，额定峰值耐受电流应不小于50kA。

（7）断路器柜一般选用额定电流630A，额定开断电流应不小于20kA，短时耐受电流应不小于20kA/4s，额定峰值耐受电流应不小于50kA。

（8）负荷开关—熔断器组合电器单元的负荷开关一般选用额定电流630A，额定短时耐受电流应不小于20kA/4s，额定峰值耐受电流应不小于50kA；熔断器一般选用额定电流不大于125A，额定开断电流不小于31.5kA，转移电流应符合相关标准。

（9）负荷开关应配置直动式分合闸机械指示，开关状态位置应有符号及中文标识。

4. 主母线技术要求

（1）环网柜的主母线应采用绝缘母线，柜与柜间用金属隔板隔开，但不能产生涡流，两端母线应用绝缘封堵密封。

（2）主母线接合处应有防止电场集中和局部放电的措施。

5. 二次设备技术要求

（1）电气接线。

1）环网柜内控制、电源、通信、接地等所有的二次线均用阻燃型软管或金属软管或线槽进行全密封，应采用塑料扎带固定，不允许采用粘贴方式固定。

2）环网柜上的各电器元件应能单独拆装更换而不影响其他电器及导线束的固定。每件设备的装配和接线均应考虑在不中断相邻设备正常运行的条件下无阻碍地接触各机构器件并能完成拆卸、更换工作。

3）环网柜内二次回路接线端子应具备防尘与阻燃功能。

4）端子排应便于更换且接线方便。正、负电源之间以及经常带电的正电源与合闸或跳闸回路之间，必须至少以一个端子隔开；每个接线端子最多允许接入两根线。

5）环网柜、二次回路及端子的编号均使用拉丁字母、阿拉伯数字，此编号均与所提供的文件、图纸相一致，接地端子应标识明确。电缆两端有标识牌、标明电缆编号及对端连接单元名称。二次接线芯线号头编号应用标签机打印，标识应齐全、统一，字迹清晰、不易脱落。

（2）后备电源。

1）环网柜可选配后备电源，线路停电后，自动投入备用电源，实现电动分、合闸。

2）后备电源在外部交流电源通电的情况下，蓄电池可自动进行浮充。在外部交流电源失电的情况下电池自动投入到系统中运行。后备电源应保证停电后能分合闸操作 3 次，维持终端及通信模块至少运行 8h。直流操作电压一般宜采用 DC48V。

6. 环网柜的五防及联锁装置技术要求

环网柜的五防及联锁装置应满足《高压带电显示装置》（DL 538—2006）和《高压开关设备和控制设备标准的共用技术要求》（DL/T 593—2016）的相关规定，同时满足以下要求。

（1）环网柜应具有可靠的"五防"功能。防止误分、误合断路器；防止带负荷分、合隔离开关（插头）；防止带电合接地开关；防止带接地开关送电；防止误入带电间隔。

（2）电缆室门与接地开关应同时具备电气联锁和机械闭锁，电气闭锁应单独设置电源回路，且与其他回路独立。

（3）采用两工位隔离开关时，隔离开关与负荷开关间应有可靠的机械防误联锁。

（4）采用断路器时，应具有电气防跳装置。

7. 电压互感器、电流互感器、避雷器技术要求

电压互感器、电流互感器、避雷器应满足《互感器 第 3 部分：电磁式电压互感器的补充技术要求》（GB 20840.3—2013）、《互感器 第 2 部分：电流互感器的补充技术要求》（GB 20840.2—2014）及《交流无间隙金属氧化物避雷器》（GB/T 11032—2020）中的相关规定要求，并满足以下条件。

（1）环网柜可配置全绝缘、全密封两只单相电压互感器，组成 V/V 接线，额定电压比 10/0.1/0.22（kV），额定容量不低于 30/500VA；一次侧采用屏蔽型可触摸电缆终端连接，电压互感器设高压侧熔断器，通过负荷开关连接于母线或进线单元。

（2）环网柜配备的避雷器宜选用复合绝缘金属氧化物避雷器。

（3）环网柜内应有清晰明显的主接线示意图，柜顶设有横眉可装设间隔名称标识牌。环网单元前门表面应注明操作程序和注意事项。标志和标识牌的制作应符合 Q/GDW742—2012 的规定。

3.1.3 环网箱技术参数

环网箱除遵循上述环网柜技术参数要求外，还应遵循以下几点。

1. 外箱体技术要求

（1）外箱体应采用厚度≥2mm、性能不低于 S304 的不锈钢或其他金属材质、GRC（玻璃纤维增强水泥）等材料，外壳应有足够的机械强度，在起吊、运输和安装时不应变形或损伤。外箱体防护等级应不低于 IP43。

（2）金属材质外箱体应采取防腐涂覆工艺处理，涂层均匀、厚度一致，涂层应有牢固的附着力，箱体外壳具有防贴小广告功能。外壳宜选用不锈钢板（1Cr18Ni9），厚度不小于 2mm，配套铰链、螺栓采用不锈钢制造，防护等级应达到 IP43，并保证 20 年不锈蚀。如选用高强度、使用寿命长的阻燃性非金属材料制成，应与外部环境相协调。

（3）箱壳表面应有明显的反光警示标识，保证 20 年不褪色。

（4）外箱体应设置明显的标识，如设备名称、有电危险等。标志和标识的制作应符合 Q/GDW742—2012 的规定。

（5）外箱体顶盖的倾斜度应不小于 10°，并应装设防雨檐。门开启角度应大于 90°（固体绝缘大于 150°），并设定位装置；装设暗锁，并设外挂锁孔。门锁具有防盗、防锈及防堵功能。

（6）外箱体应设有足够的自然通风口和隔热措施，保证在正常使用条下运行时，所有电器设备的温升不超过其允许值，并且不得因此降低环网柜的外箱体防护等级。

（7）外箱体底部应配备4根可伸缩式起吊销，起吊销应能承载整台设备的重量。

2. 气体绝缘环网单元技术参数

气体绝缘环网单元技术参数应符合《气体绝缘金属封闭开关设备选用导则》（DL/T 728—2013）和（DL/T 791—2001）的规定，并满足以下条件。

（1）采用六氟化硫（SF_6）气体作为灭弧介质的环网单元宜装设 SF_6 气体监测设备（包括密度继电器，压力表），且该设备应设有阀门，以便在不拆卸的情况下进行校验。SF_6 气体压力监测装置应配置状态信号输出触点。

（2）SF_6 气体质量应满足《工业六氟化硫》（GB/T 12022—2014）中的要求。充气柜应设置用来连接气体处理装置和其他设备的合适连触点（阀门），并可对环网单元进行补气。

（3）气箱箱体应采用厚度≥2.0mm 的 S304 不锈钢板或优质碳钢弯折后焊接而成，气箱防护等级应满足《外壳防护等级（IP 代码）》（GB/T 4208—2017）中规定的 IP67 要求。SF_6 气体作为灭弧介质的气箱应能耐受正常工作和瞬态故障的压力而不破损。

（4）除二次小室外，在高压室、母线室和电缆室均应设有排气通道和泄压装置，当内部产生故障电弧时，泄压通道应自动打开，释放内部压力，释放的电弧或气体不得危及操作及巡视人员人身安全和其他环网单元设备安全。

（5）环网柜的柜体应采用≥2mm 的敷铝锌钢板或 S304 不锈钢板弯折后拼接而成，柜门关闭时防护等级应不低于 GB/T 4208—2017 中的 IP4X，柜门打开时防护等级不低于 IP2XC。

3.1.4 电动操动机构

电动操动机构包括电动操动机构本体及相关辅助元器件（包含分合闸按钮、红绿指示灯、电流互感器及开关辅助触点等）。

（1）操动机构黑色金属零部件应采用防腐处理工艺，耐受 96h 及以上中性盐雾试验后无明显锈蚀。

（2）开关设备同时具备手动与电动功能。

（3）断路器和负荷开关可配置弹簧或永磁操动机构，断路器操动机构具有防止跳跃功能，并配置计数器。

（4）并联合闸脱扣器。

1）当电源电压不大于额定电源电压的 30%时，合闸脱扣器不应脱扣（用电容器储能的永磁操动机构除外）。并联合闸脱扣器在合闸装置的额定电源电压的 85%～110%范围内，交流时在合闸装置的额定频率下，应可靠动作。

2）当电源电压不大于额定电源电压的 30%时，并联合闸脱扣器不应脱扣（当永磁操动机构的储能元件的电压不大于其额定电压的 30%时，合闸脱扣器不应脱扣）。

（5）并联分闸脱扣器。

1）并联分闸脱扣器在分闸装置的额定电源电压的 65%～110%（直流）或 85%～110%（交流）范围内，交流时在分闸装置的额定电源频率下，开关装置达到额定短路开断电流的操作条件下，均应可靠动作。

2）当电源电压不大于额定电源电压的 30%时，并联分闸脱扣器不应脱扣（当永磁操动机构的储能元件的电压不大于其额定电压的 30%时，分闸脱扣器不应脱扣）。

（6）弹簧操动机构应采用手动储能或电动机储能，可紧急跳闸。

（7）断路器在各位置时都应能对合闸弹簧储能。在正常情况下，合闸弹簧完成合闸操作后要立即自动开始再次储能，合闸弹簧应在 20s 内完成储能。在弹簧储能进行过程中不能合闸，并且弹簧在储能全部完成前不得释放。

（8）合闸弹簧的储能状态有机械装置指示，指示采用中文表示，清晰可视并"具备"远方监控功能。

（9）永磁机构的储能电容充电时间应≤10s。

3.1.5 环网柜的电气二次接口要求

1. 总的要求

（1）环网柜应具备规范要求的五防闭锁功能。

（2）环网柜二次控制仪表室、电缆室应有照明装置，柜内应具备驱潮及加热设施。

（3）二次控制仪表室应设有专用接地铜排，截面不小于 100mm^2，铜排两端应装设足够的螺栓以备接至变电站的等电位接地网上。

2. 回路要求

（1）环网柜应装设负荷开关、断路器远方和就地操作切换把手。

（2）应具备监视断路器分合闸状态外回路。

（3）环网柜中对控制或辅助功能正常要求的辅助触点之外，每台环网柜应提供4对动合（常开）、4对动断（常闭）辅助触点供用户使用，并应引至端子排上。剩余的辅助开关触点全部引至端子排上。

3. 电源配置

环网柜设交直流电源小母线，各环网柜内按照交流、直流及保护、控制、联锁等不同要求设置电源小空气断路器，空气断路器上口与柜顶小母线连接。

4. 端子排及接线要求

（1）端子排按不同功能进行划分，端子排布置应考虑各插件的位置，避免接线相互交叉。

（2）端子排列应符合标准，正、负极之间应有间隔，断路器的跳闸和合闸回路、直流电源和跳合闸回路不能接在相邻端子上，并留有一定的备用端子等，端子排应编号。

（3）按照"功能分段"的原则，环网柜内的端子排应按照如下要求分别设置：①TA回路；②TV回路；③交流电源回路；④直流电源回路；⑤负荷开关和断路器的控制、操作回路；⑥"五防"闭锁回路。其中"五防"闭锁回路由各厂家按照相关"五防"要求完成，应注意预留环网柜外闭锁条件接口。

3.2 利库技术方案

随着技术进步、专业管理要求提升等综合因素影响，库存环网柜物资较多，在盘活利用上主要存在下列典型问题：①由于技术政策的调整导致剩余户内环网柜（负荷开关、电压互感器）数量相对较多，近些年户外环网箱使用需求较多；②新招标环网柜与现状环网柜为不同厂家，无法拼接。

为了推进企业库存物资盘活利用工作，有效盘活库存环网柜资源，在业务部门、设计单位的配合下，对应上述问题主要采取以下方式进行盘活再利用：①环网柜组装环网箱；②电压互感器柜电缆连接独立安装；③现有设备扩展间隔。

3.2.1 环网柜组装环网箱

单独的环网柜加装外壳组成环网箱。利用库存中的环网柜、电压互感器柜及 DTU 测控终端通过组合拼装并加装外壳组成环网箱。全负荷开关的环网柜组合环网箱可根据实际需求扩展断路器间隔。

环网箱 10kV 电气接线见表 3-1，电气平断面布置如图 3-1 所示。

表 3-1　环网箱 10kV 电气接线

高压开关柜编号	AH1	AH2	AH3	AH4	AH5	AH6	AH7
主母线 630A 10kV 电气系统图							
开关柜名称	进线单元	环网出线单元	断路器出线单元	出线单元	出线单元	出线单元	TV 单元
开关柜型号 1							
开关柜尺寸 2							
真空断路器 630A 20kA 操作电源 DC48V			1				
三工位负荷开关 12kV 20kA/3S	1	1	1	1	1	1	1
额定电流（A）	630	630	630	630	630	630	630
电动操动机构	1	1	1	1	1	1	
远方当地转换开关	1	1	1	1	1	1	
跳合闸按钮	2	2	2	2	2	2	

续表

高压开关柜编号	AH1	AH2	AH3	AH4	AH5	AH6	AH7
指示灯	2	2	2	2	2	2	
熔断器 10kV/1A 25kA							3
电压互感器 10/0.23kV 500VA							2
电流互感器 400/5A 0.5级/10P15 5VA			2				
电流互感器 400/5A 0.5级 5VA	2	2		2	2	2	
零序电流互感器 100/5A 10P5 2.5VA	1	1	1	1	1	1	
带电显示器	1	1	1	1	1	1	1
出线电缆型号规格							

注：1. 本方案 10kV 进线及出线单元采用负荷开关，断路器出线单元采用真空断路器加三工位负荷开关。

2. 本方案 10kV 环网单元可选用气体绝缘环网柜，根据工程需要也可采用固体绝缘网柜。

3. 10kV 柜内电流互感器变比应根据具体工程的实际需求配置 400/5A 或 600/5A。

4. 所有环网柜配负荷开关及接地开关位置辅助节点，设电动操动机构、操作电压 DC48V。

5. 真空断路器采用直流操作，操作电源 DC48V，取自 DTU 屏。

6. 进线单元可根据实际情况配置避雷器。

7. 进线单元接地开关加挂锁。

3 环 网 柜

图 3-1 电气平断面布置

（a）正视图；（b）侧视图；（c）平面布置图

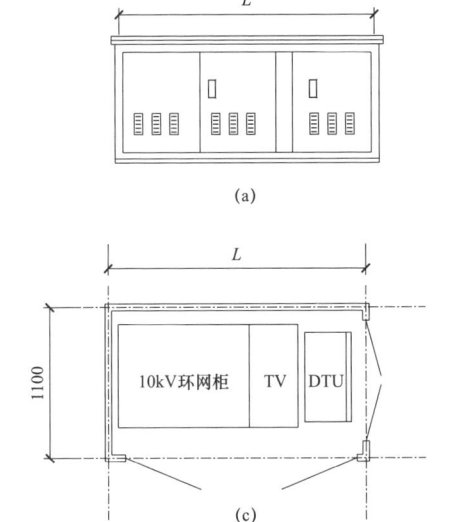

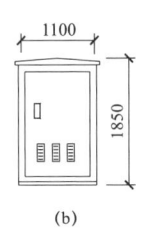

规格	TV单元	箱体外轮廓开间尺寸L/mm
6K	带	3900
4K	带	3100

注：1. 本方案采用气体绝缘环网柜，负荷开关间隔给定宽度为 400mm，断路器间隔给定宽度 600mm，TV 给定宽度为 500mm，DTU 屏给定宽度为 600mm。可根据工程实际情况，适当调整箱内环网柜尺寸。
2. 若采用固体绝缘环网柜时，箱体尺寸相应调整。
3. 进出线方向可根据现场情况进行调整

按照相关企业标准，环网箱进线、环线单元应采用负荷开关，出线单元可采用负荷开关或断路器，根据实际情况选用。

3.2.2 电压互感器柜电缆连接独立安装

电压互感器与传统母线连接形式不同，利库采用电缆压接形式连接，可以匹配不同厂家的环网柜。DTU 测控终端通过控制电缆与环网箱内环网柜连接。

4K 环网箱 10kV 系统接线（外接 TV）如图 3-2 所示，平面布置如图 3-3 所示。

6k 环网箱系统接线（外接 TV）如图 3-4 所示，平面布置如图 3-5 所示。

3.2.3 现有设备扩展间隔

对于现有设备间隔不够或需扩展断路器间隔，可采用电缆连接形式扩展间隔，扩展的馈线间隔采用单芯 300mm² 电缆连接，电压互感器采用单芯 50mm² 电缆连接，如图 3-6 所示。

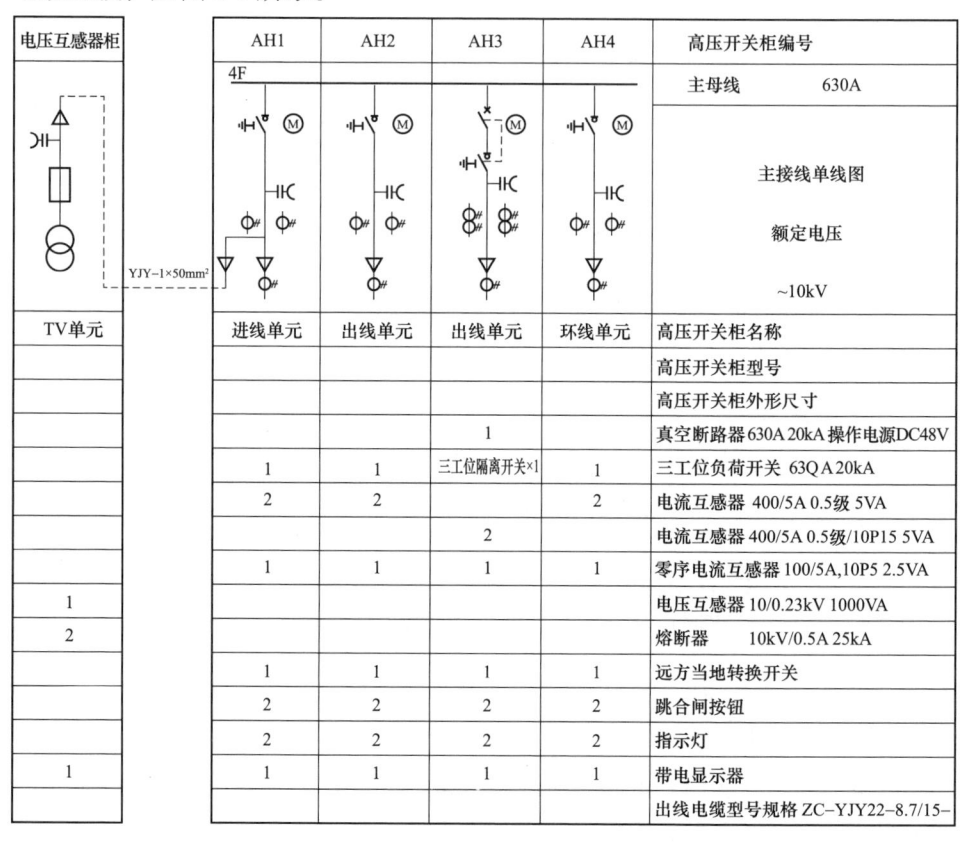

电压互感器柜	AH1	AH2	AH3	AH4	高压开关柜编号
	4F				主母线　　　630A
					主接线单线图
					额定电压
	YJY-1×50mm²				~10kV
TV 单元	进线单元	出线单元	出线单元	环线单元	高压开关柜名称
					高压开关柜型号
					高压开关柜外形尺寸
			1		真空断路器 630A 20kA 操作电源DC48V
	1	1	三工位隔离开关×1	1	三工位负荷开关 63QA 20kA
	2	2		2	电流互感器 400/5A 0.5级 5VA
			2		电流互感器 400/5A 0.5级/10P15 5VA
	1	1	1	1	零序电流互感器 100/5A, 10P5 2.5VA
1					电压互感器 10/0.23kV 1000VA
2					熔断器　　　10kV/0.5A 25kA
	1	1	1	1	远方当地转换开关
	2	2	2	2	跳合闸按钮
	2	2	2	2	指示灯
1	1	1	1	1	带电显示器
					出线电缆型号规格 ZC-YJY22-8.7/15-

图 3-2　4K 环网箱 10kV 系统接线（外接 TV）

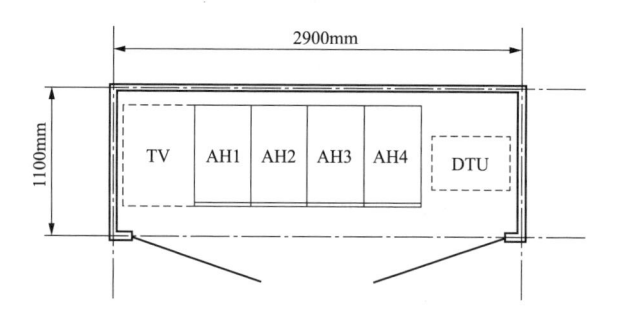

图 3-3　4K 环网箱平面布置

注：1. 外壳尺寸：2900mm×1100mm×1850mm；

2. 本图中设备相对位置仅为示意，以现场实际情况为准。

电压互感器柜	AH1	AH2	AH3	AH4	AH5	AH6	高压开关柜编号
(图)	4F						主母线 630A
							主接线单线图
							额定电压
							~10kV
TV单元	进线单元	出线单元	出线单元	出线单元	出线单元	环线单元	高压开关柜名称
							高压开关柜型号
							高压开关柜外形尺寸
			1				真空断路器 630A 20kA 操作电源DC48V
	1	1	三工位隔离开关×1	1	1	1	三工位负荷开关 630A 20kA
	2	2		2	2	2	电流互感器 400/5A 0.5级 5VA
			2				电流互感器 400/5A 0.5级/10P15 5VA
	1	1	1	1	1	1	零序电流互感器 100/5A 10P5 2.5VA
1							电压互感器 10/0.23kV 1000VA
2							熔断器 10kV/0.5A 25kA
	1	1	1	1	1	1	远方当地转换开关
	2	2	2	2	2	2	跳合闸按钮
	2	2	2	2	2	2	指示灯
1	1	1	1	1	1	1	带电显示器
							出线电缆型号规格ZC-YJY22-8.7/15-

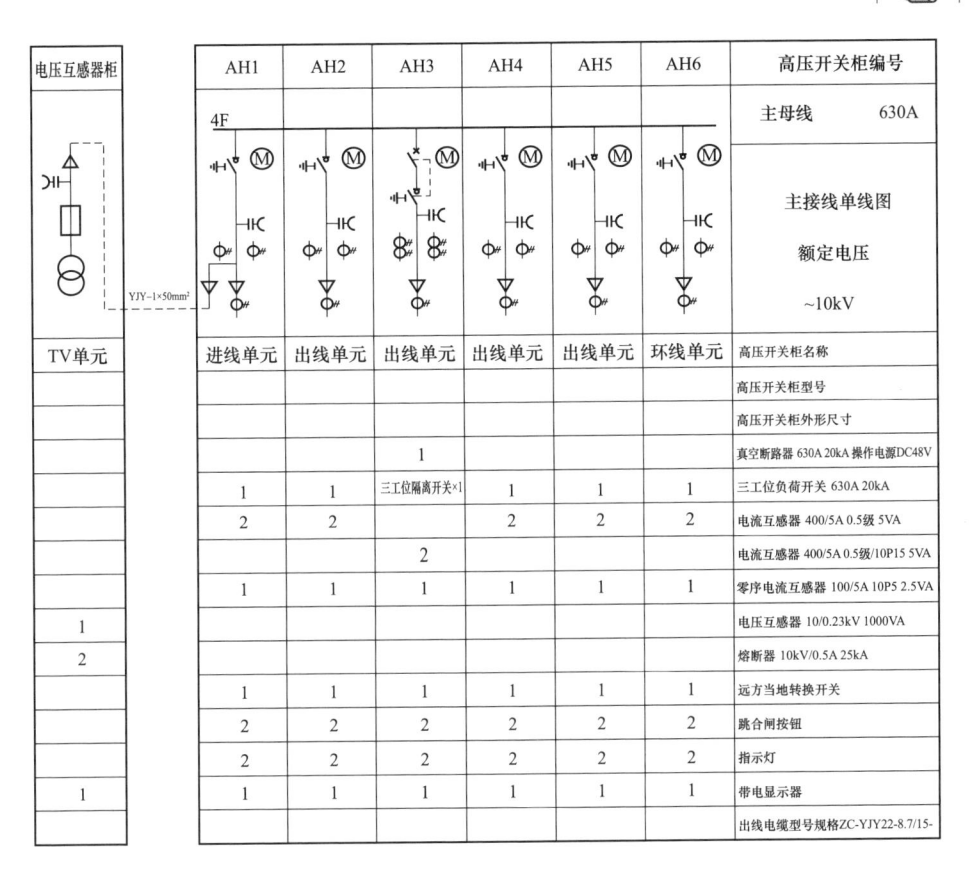

图 3-4　6K 环网箱系统接线（外接 TV）

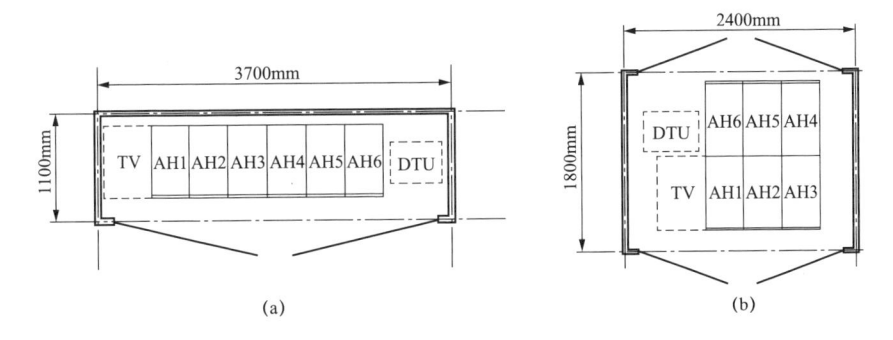

图 3-5　6K 环网箱平面布置

（a）单列布置；（b）背靠背布置

注：1. 外壳尺寸：3700mm×1100mm×1850mm（单列布置）

　　　2400mm×1800mm×1850mm（背靠背布置）；

2. 本图中设备相对位置仅为示意，以现场实际情况为准。

高压开关柜编号	电压互感器柜	AH1	AH2	AH3	AH4	AH5	AH6
主母线 630A 主接线单线图 额定电压 ~10kV		4F YJY-1×50mm²					YJY-1×300mm²
高压开关柜名称	TV 单元	进线单元	环线单元	出线单元	出线单元	母线提升单元	出线单元
高压开关柜型号							
高压开关柜外形尺寸							
真空断路器 63QA 20kA 操作电源DC48V						1	
三工位负荷开关 630 A 20kA		1	1	1	1	三工位隔离开关×1	
电流互感器 400/5A 0.5级 5VA		2	2	2	2		
电流互感器 400/5A 0.5级/10P15 5VA							2
零序电流互感器 100/5A 10P5 2.5VA		1	1	1	1		1
电压互感器 10/0.23kV 1000VA	1						
熔断器 10kV/0.5A 25kA	2						
远方当地转换开关		1	1	1	1		1
跳合闸按钮		2	2	2	2		2
指示灯		2	2	2	2		2
带电显示器	1	1	1	1	1	1	1
出线电缆型号规格 ZC-YJY22-8.7/15-							

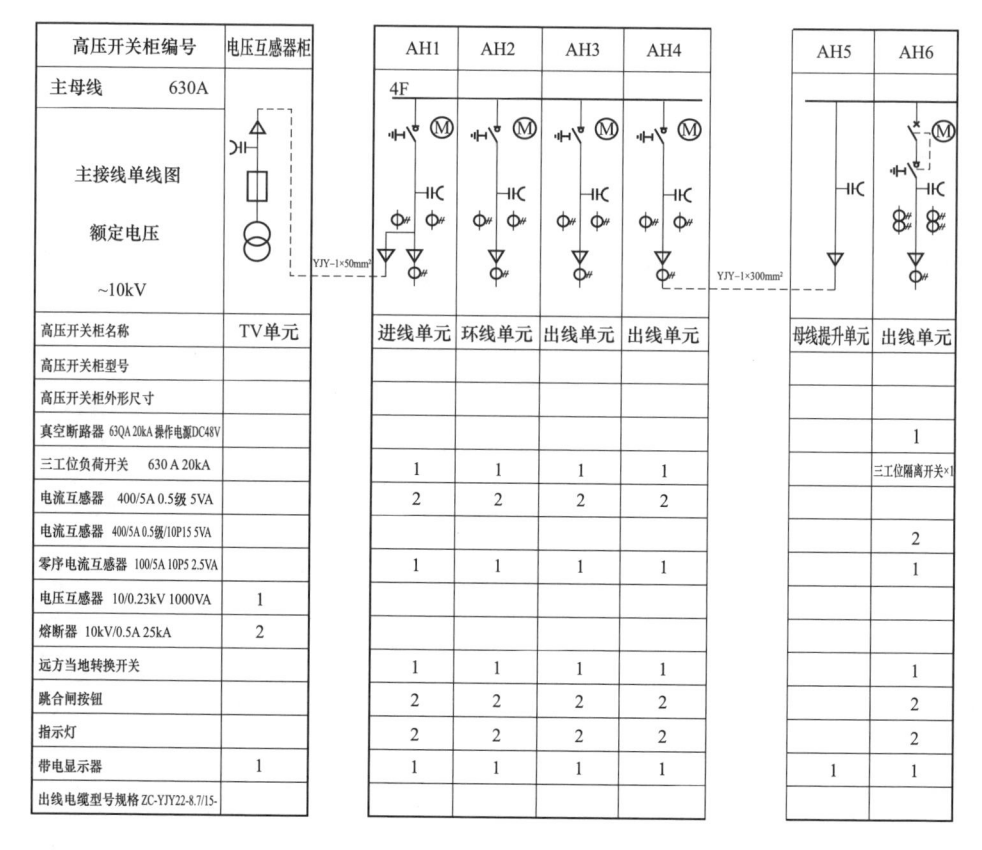

图 3-6　扩展间隔

3.2.4　电动操动机构

对于有合适的自动化改造扩展工程需求可以直接使用，通过环网柜加装电动操动机构消纳库存物资，使用时须核实电动操动机构的操作电压是否与 DTU 设备 DC48V 电源匹配。

3.2.5　注意事项

（1）利库前需对库存环网柜进行相关检测，确保库存设备能够正常使用，满足使用要求。如不满足使用要求，首先应进行修理。

（2）使用时可根据现场情况"以大代小""以高带低"，如 6K 环网箱可代替 4K 环网箱使用，断路器间隔可代替负荷开关间隔使用等。

（3）提高环网柜及环网箱组装环网箱在运输、吊装过程中的整体强度。

4 高、低压开关柜

4.1 技术原则

4.1.1 概述

电气设备（包括断路器、隔离开关、电流互感器、电压互感器、避雷器等）及其相应的控制、保护、信号、测量调节装置的组合及内部连接、辅件、外壳和支持件所组成的成套设备称为开关柜，按照电压等级分为 10kV 高压开关柜和 0.4kV 低压开关柜。按照进出线方式分为下进下出和上进上出。

开关柜下进下出出线方式适用于室内开关柜底部为电缆沟或者电缆半层，电缆从开关柜底部进出线；开关柜上进上出出线方式适用于室内开关柜顶部电缆（或母线）桥架走线，电缆（或母线）从开关柜顶部进出线。

4.1.2 总体要求

（1）线路、站用变压器保护测控装置均安装在开关柜面板上；分段开关柜内配置分段保护测控装置，该装置可含备自投功能；10kV 电压互感器并列装置可放置于分段隔离柜。

（2）电能表安装在开关柜面板上。

（3）开关柜应具备规范要求的"五防"闭锁功能。

（4）开关柜继电器室、电缆室应有照明装置，柜内应具备驱潮及加热设施。

（5）二次控制仪表室应设有专用接地铜排，截面积不小于 100mm^2，铜排两端应装设足够的螺栓以备接至变电站的等电位接地网上。

（6）高压开关柜预留配电终端 DTU 的接口，DTU 具有电流和电压信号采集、线路保护、故障处理的功能并采用通信方式上传至配电自动化主站。开关柜根据需要配置"三遥"及"二遥"终端，DTU 采用模块化、可扩展、低功耗的产品,具有高可靠性和适应性,支持多种通信方式、通信协议和规约,能与不同的一次设备以及主站完好地配合。DTU 采用组屏式室内安装,配电终端、通信设备和后备电源集成安装在 DTU 屏内。DTU 的电源由站用变压器、电压互感器或其他后备电源提供。DTU 屏参考尺寸为 800mm×600mm×2260mm。

4.1.3 回路要求

(1)开关柜应装设断路器远方和就地操作切换把手。

(2)应具备监视断路器分/合闸状态外回路。

(3)断路器操动机构应配置内部防跳功能。

(4)断路器要求配有一个独立的跳闸、合闸线圈。

(5)断路器中对控制或辅助功能正常要求的辅助触点之外,每台断路器应提供 10 对动合、10 对动断辅助触点,并应引至端子排上。剩余的辅助开关触点全部引至端子排上。

4.1.4 电源配置

(1)开关柜交、直流电源宜采用环网供电,并设开环点。

(2)开关柜顶设交直流电源小母线,各开关柜内按照交流、直流及保护、控制、联锁等不同要求设置电源小空气断路器,空气断路器上口与柜顶小母线连接。

4.1.5 端子排及接线要求

(1)端子排按不同功能进行划分,端子排布置应考虑各插件的位置,避免接线相互交叉。

(2)端子排列应符合标准,正、负极之间应有间隔,断路器的跳闸和合闸回路、直流电源和跳/合闸回路不能接在相邻端子上,并留有一定的备用端子等,端子排应编号。

(3)按照"功能分段"的原则,开关柜内的端子排应按照如下要求分别设置:①TA 回路;②TV 回路;③交流电源回路;④直流电源回路;⑤断路器的控制、操作、信号回路;⑥"五防"闭锁回路;⑦报警回路。其中"五防"闭锁回路由各厂家按照相关"五防"要求完成,应注意预留开关柜外闭锁条件接口。

4.2 利库技术方案

对于高、低压开关柜在利用库存物资时，首先匹配功能和数量，对于新采购的设备可在招标时编制现有设备接口技术规范，用于和库存设备的匹配。

（1）利库前需对库存高、低压开关柜进行检测，确保库存设备能够正常使用，满足使用要求。如不满足使用要求，首先应进行修理。

（2）使用时可根据现场情况"以大代小""以高带低"，如1600A规格的低压开关柜变压器可代替1250A低压开关柜使用，建议相邻序列型号以大代小，不建议跨序列代替。

（3）对于功能和数量库存设备能满足使用要求的可直接使用。

（4）对于数量不满足使用要求的可新采购匹配现有库存设备，在进行采购时编制相关设备接口要求，如载流量、母排位置、断路器相关参数、柜子拼接要求等，确定设备厂家后，在供货前组织厂家技术人员考察现有库存设备后再行生产。

5 配电站所终端设备（DTU）

5.1 技术原则

5.1.1 概述

配电设备站所终端（DTU）指安装于开关站、配电室、电缆分界室、环网箱、箱式变电站等处的配电终端，具有遥信、遥测、遥控和故障电流检测（或利用故障指示器检测故障）等功能。按照功能分为"三遥"终端和"二遥"终端。

依据《配电网规划设计技术导则》（DL/T 5729—2023）及《配电自动化规划设计技术导则》（Q/GDW11184—2014），根据供电区域，合理配置站所终端为"三遥"或"二遥"终端。

5.1.2 结构形式

按照结构形式，站所终端可分为组屏式、遮蔽立式及户外立式3种。

（1）组屏式站所终端。通过标准屏柜方式，安装在配电网馈线回路的开关站、配电室等处的配电终端。

（2）遮蔽立式站所终端。通过机柜与开关并列方式，安装在配电网馈线回路的环网柜、箱式变电站内部的配电终端。

（3）户外立式站所终端。通过户外柜方式，在配电网馈线回路的环网柜、箱式变电站外部安装的配电终端。

5.1.3 电源要求

1. 供电电源要求

（1）交流电源电压标称值为单相220V。

（2）交流电源标称电压容差为−20%～+20%。

（3）交流电源标称频率为50Hz，频率容差为±5%。

（4）交流电源波形为正弦波，谐波含量小于10%。

2. 配套电源输出要求

（1）工作电源满足同时为终端核心单元、通信设备、配电线损采集模块、开关分合闸提供正常工作电源。

（2）主电源供电和后备电源都应独立满足终端核心单元、通信设备、配电线损采集模块正常运行及对开关的正常操作。

（3）电源输出和输入应电气隔离。

3. 后备电源要求

（1）后备电源应采用免维护阀控铅酸蓄电池或超级电容。

（2）免维护阀控铅酸蓄电池寿命不少于3年，超级电容寿命不少于6年。

（3）后备电源能保证配电终端运行一定时间不同终端对应的后备电源维持时间见表5-1。

表 5-1　不同终端对应的后备电源维持时间

终端类型	后备电源维持时间
"三遥"站所终端	免维护阀控铅酸蓄电池：应保证完成分-合-分操作并维持配电终端及通信模块至少运行 4h； 超级电容：应保证分闸操作并维持配电终端及通信模块至少运行 15min
"二遥"站所终端	免维护阀控铅酸蓄电池：应保证维持配电终端及通信模块至少运行 30min； 超级电容：应保证维持配电终端及通信模块至少运行 2min

5.1.4　站所终端功能

1. 站所终端基本功能

（1）具备就地采集模拟量和状态量，并具备测量数据、状态数据远传的功能。

（2）采取防误措施，避免装置初始化、运行中、断电等情况下产生误报遥信。

（3）具备遥信防抖功能，防抖动时间可设，支持上传带时标的遥信变位信息。

（4）具备相间短路故障、不同中性点接地方式的接地故障处理功能，并上送故障事件，故障事件包括故障遥信信息及故障发生时刻开关电压、电流值。

（5）具备防止涌流和负荷波动引起的误报警功能。

（6）具备异常自诊断和告警、远端对时、远程管理等功能。

（7）具备历史数据循环存储功能，电源失电后保存数据不丢失，支持远程调阅，历史数据包括带时标的遥信变位、遥控操作记录、日冻结电量、电能定点数据、功率定点数据、电压定点数据、电流定点数据、电压日极值数据、电流日极值数据、功率反向的电能冻结等。

（8）具备故障录波功能，支持录波数据循环存储并上传至主站。

（9）具备终端运行参数的当地及远方调阅与配置功能，配置参数包括零门槛值（零漂）、变化阈值（死区）、重过载报警限值、短路及接地故障动作参数等。

（10）具备终端固有参数的当地及远方调阅功能，调阅参数包括终端类型及出厂型号、终端 ID 号、嵌入式系统名称及版本号、硬件版本号、软件校验码、通信参数及二次变比等。

（11）配电终端宜采用符合 DL/T 860 系列标准（IEC 61850）的模型，宜满足即插即用的要求。

（12）具备自诊断、自恢复功能，对各功能板件、重要芯片等可以进行自诊断，异常时能上送报警信息，软件异常时能自动复位。

（13）具备当地及远方操作维护功能，遵循统一的查询、调阅软件界面要求，支持程序远程下载，支持安全密钥远程下载，提供当地调试软件或人机接口。

（14）应满足通过远方通信口对设备进行参数维护，在进行参数、定值的查看或整定时应保持与主站系统的正常业务连接。

（15）具备终端日志记录功能。

（16）具有明显的线路故障、终端状态和通信状态等就地状态指示信号。

（17）具备远方通信接口，采用光纤通信时具备通信状态监视及通道端口故障监测；采用无线通信时具备监视通信模块状态等功能。

（18）具备基于内嵌安全芯片实现的信息安全防护功能，安全防护功能至少包括基于国产商用密码算法的统一密钥和数字证书，可与配电主站实现双向身份认证、参数配置等的签名验证、数据的加解密与完整性保护。

（19）具备监视安全芯片工作状态功能。

（20）具备对时功能，支持规约等对时方式，接收主站或其他时间同步装置的对时命令，与系统时钟保持同步。

2. "三遥"站所终端功能

除满足上述基本功能外，还应满足以下要求。

（1）具备就地采集开关的模拟量和状态量以及控制开关分合闸功能，具备测量数据、状态数据的远传和远方控制功能，可实现监控开关数量的灵活扩展。

（2）具备就地/远方切换开关和控制出口硬连接片，支持控制出口软连接片功能。

（3）具备相间短路故障、不同中性点接地方式下接地故障的检测及故障判别功能，具备相间短路故障隔离功能，并支持上送故障事件；具备不少于 2 条线路的相间短路与单相接地故障检测、判断与录波功能。

（4）当配合断路器使用时，可直接切除故障，具备现场投退功能。

（5）具备故障指示手动复归、自动复归和主站远程复归功能，能根据设定时间或线路恢复正常供电后自动复归。

（6）具备双位置遥信处理功能，支持遥信变位优先传送。

（7）具备电压越限、负荷越限等告警上送功能。

（8）具备电能量计算功能，包括正反向有功电量和四象限无功电量、功率因数；具备电能量数据冻结功能，包括定点冻结、日冻结、功率方向改变时的冻结数据。

（9）具备串行口和以太网通信接口。

（10）具备同时为通信设备、开关分合闸提供配套电源的能力。

（11）具备双路电源输入和自动切换功能，宜采用 TV 取电。

（12）具备后备电源自动充放电管理功能；蓄电池作为后备电源时，应具备定时、手动、远方活化功能，以及低电压报警和保护功能、报警信号上传主站功能。

（13）具备接收电缆接头温度、柜内温湿度等状态监测数据功能，具备接收备自投等其他装置数据功能。

（14）装置应支持基于非对称密钥的单向认证加密技术，配置安全加密模块，对来源于主站系统的控制命令和参数设置指令采取安全鉴别和数据完整性验证措施，防范冒充主站对终端进行攻击，恶意操作电气设备，并应通过中国电科院的入网检测试验，并取得测试报告。

5.1.5 站所终端外观

1. 遮蔽立式站所终端外观

遮蔽立式站所终端外观（端子排方式）如图 5-1 所示。

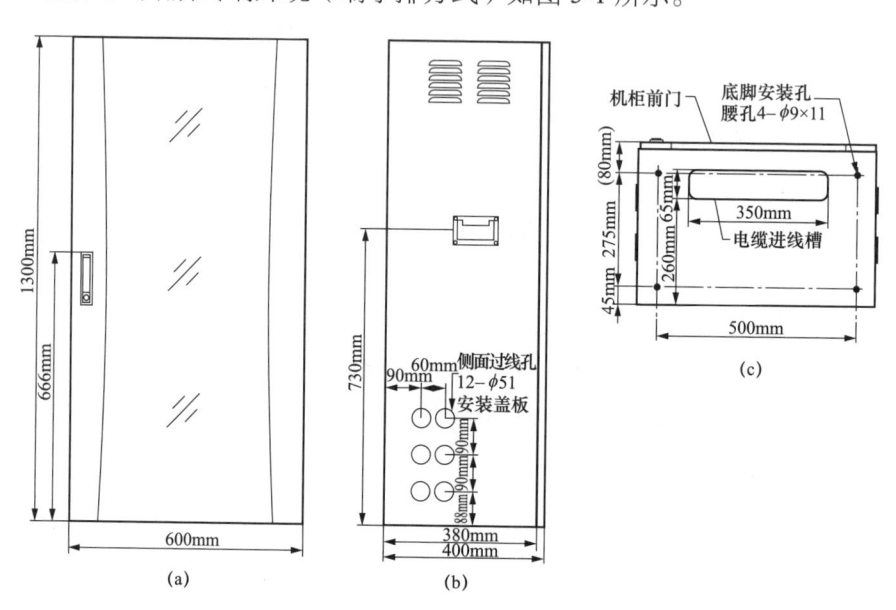

图 5-1 遮蔽立式站所终端外观（端子排方式）
（a）前视图；（b）侧视图；（c）底视图

2. 组屏式站所终端外观

组屏式站所终端外观（端子排方式）如图 5-2 所示。

5.2 利库技术方案

（1）利库前需对库存配电终端 DTU 设备进行检测，确保库存设备能够正常使用，满足使用要求。如不满足使用要求，首先应进行修理。

（2）需与最新版的技术要求逐一核对功能并满足使用要求才可使用。

（3）使用时可根据现场情况"以大代小""以高带低"，如 8 间隔 DTU 可代替 6 间隔 DTU 使用。

（4）由于放置时间较长，需要重新检测后备电池的功能、容量能否满足使用要求，如不满足需要对电池进行更换后使用。

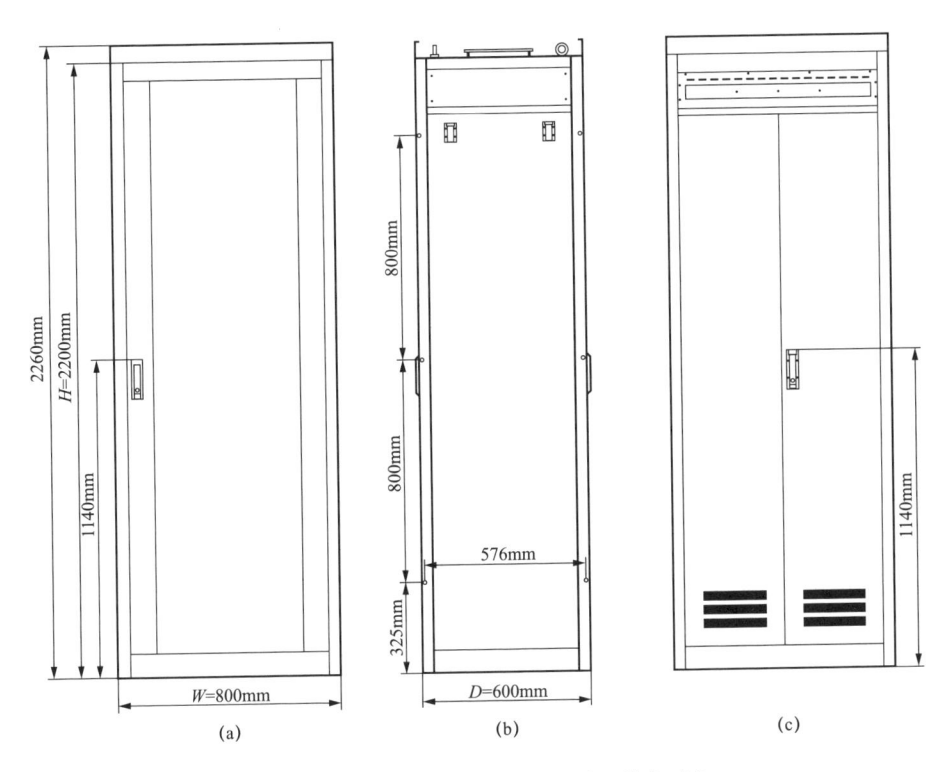

图 5-2　组屏式站所终端外观（端子排方式）

(a) 前视图；(b) 侧视图；(c) 背视图

6 柱上负荷开关、10kV 电压互感器、馈线终端设备（FTU）

6.1 技 术 原 则

6.1.1 柱上真空负荷开关

10kV 柱上真空负荷开关为电压时间型负荷开关，与配套 FTU 配合可实现"来电即合，无压释放"功能，电磁操动机构，三相共箱。

（1）柱上真空负荷开关本体配置针芯航空接插，开关与终端接口采用航插方式，接口配备插针连接器，连接器内为插针，是有阳接触件和一个阴性外壳的接口连接器。开关本体控制引线插座（FTU 共用插头）预先安装，通过控制引线与 FTU（终端）连接。因各生产厂商所配备插针连接器未全部通用，同生产厂商的柱上真空开关与 FTU 相匹配。

（2）原有柱上真空开关实现自动化，加装电压互感器与 FTU 配套使用；FTU 支持电压互感器（TV）交流电源供电和直流蓄电池组后备供电的供电模式。正常情况下 2 组 TV 二次 220V 交流电源同时接入装置作为供电电源；交流失电后装置可自动切换为直流蓄电池组供电。

（3）配套 FTU 装置为罩式结构形式，FTU 备用电源采用直流蓄电池组供电，FTU 应满足电压时间型负荷开关特性，实现对电压时间型负荷开关的控制，应能实现闭锁"来电即合"功能。FTU 能实现对供电电源的状态监视，并能将电源供电状况以遥信方式上传，具备对直流蓄电池组的自动充放电功能。

（4）相电流互感器（TA）变比根据负荷情况决定，宜采用 600/5，容量不小于 2.5VA，零序 TA 宜采用 20/1，容量不小于 1VA，TA 应位于开关内部。

（5）根据配套弹操机构、永磁机构、电磁机构确定操作电源要求。

6.1.2　10kV 电压互感器（TV）

（1）10kV 电压互感器宜采用独立支架固定，安装于柱上开关下方。

（2）10kV 电压互感器变比为 10/0.22（kV），其容量及精度应满足自动化要求。要求线电压精度为 3 级，容量不低于 50VA，短时容量≥300VA/30s，电压互感器应为环氧树脂整体浇注型，局部放电不大于 20pC。

（3）正常运行情况下，电压互感器为 FTU 提供工作电源，同时为柱上开关提供操作电源。

（4）分段、分支开关与联络开关一般采用双侧电压互感器，电压互感器电源采集点位于线路两侧。

1）双电源供电方案。主干线分段、联络点配置的"三遥"馈线终端宜采用双 TV 的供电方式，采用 V/V 接线，一侧 TV 接 A、B 相，另一侧 TV 接 B、C 相。

2）单电源供电方案。单电源供电的主干线节点、末端节点、分支节点以及用户产权分界处的"二遥"馈线终端可采用单 TV 供电方式，TV 电源采集点位于电源侧；开关电源侧内置 TV 的用户分界开关，无需再安装外置 TV；"二遥"基本型馈线终端宜采用太阳能电池板供电。

6.1.3　馈线终端设备（FTU）

（1）配电自动化是智能电网建设中的重要环节，它将现代计算机技术、通信网络技术集于一体，对配电网上的设备进行远方实时监视与控制，是电力系统现代化发展的必然趋势。为满足智能配电网自动化建设的需要，配电线路开关上应配置配电自动化终端装置（简称"配电终端"）。

（2）柱上配电自动化终端（又称"馈线终端"）具有电流电压信号采集、线路保护、故障就地自动隔离及通信等功能，采用有线或无线通信方式将信息上传至主站。按照功能划分，馈线终端分为"三遥"和"二遥"两种类型，可根据供电区域及应用场所不同，灵活选用。

（3）馈线终端是安装在配电网架空线路杆塔等处的配电终端，对架空线路的正常和事故情况下的信息进行采集，将采集信息上传至主站，实现对架空线路运行状态的实时监控。

（4）后备电源采用蓄电池，正常运行时由 FTU 对后备电源进行充放电管理，当配电线路出现故障停电时，后备电源为 FTU 及通信设备提供电源。后备电源主要有蓄电池和超级电容两种方式，根据不同地域的环境温度条件配置不同的后备电源，"三遥"终端后备电源推荐选用蓄电池，B、C 类气象区内后备电源宜采用超级电容或有升温/保温措施的蓄电池，"二遥"标准型及"二遥"动作型均优先采用超级电容。

（5）FTU 宜安装在开关同侧下方，按 FTU 底部距离地面 3m 的高度安装固定。

（6）FTU 接口采用航空插头的连接形式。FTU 上安装航空插座，连接电缆采用航空插头，采用的航空接插件类型为防开路航空接插件和以太网航空接插件。航空接插件插头、插座采用螺纹连接锁紧，具有防误插功能，插针与导线的端接采用焊接方式。航空插头的管脚定义严格遵循 FTU 的技术规范要求。

6.1.4　配套通信方式选择

配电终端通信以光纤通信方式为主［选用无源光网络（EPON）技术或工业以太网技术］，无线公网可作为过渡方式。通信设备安装方式选型依据见表 6-1。

表 6-1　通信设备安装方式选型依据

设备名称	通信方式	通信设备安装方式
馈线终端	光纤通信	通信设备采用独立箱体，与终端主体装置分开安装
	无线通信	通信模块安装在通信盒，整体安装于终端主体底部

6.2　利库技术方案

柱上真空负荷开关、TV、FTU 安装示意如图 6-1 所示。

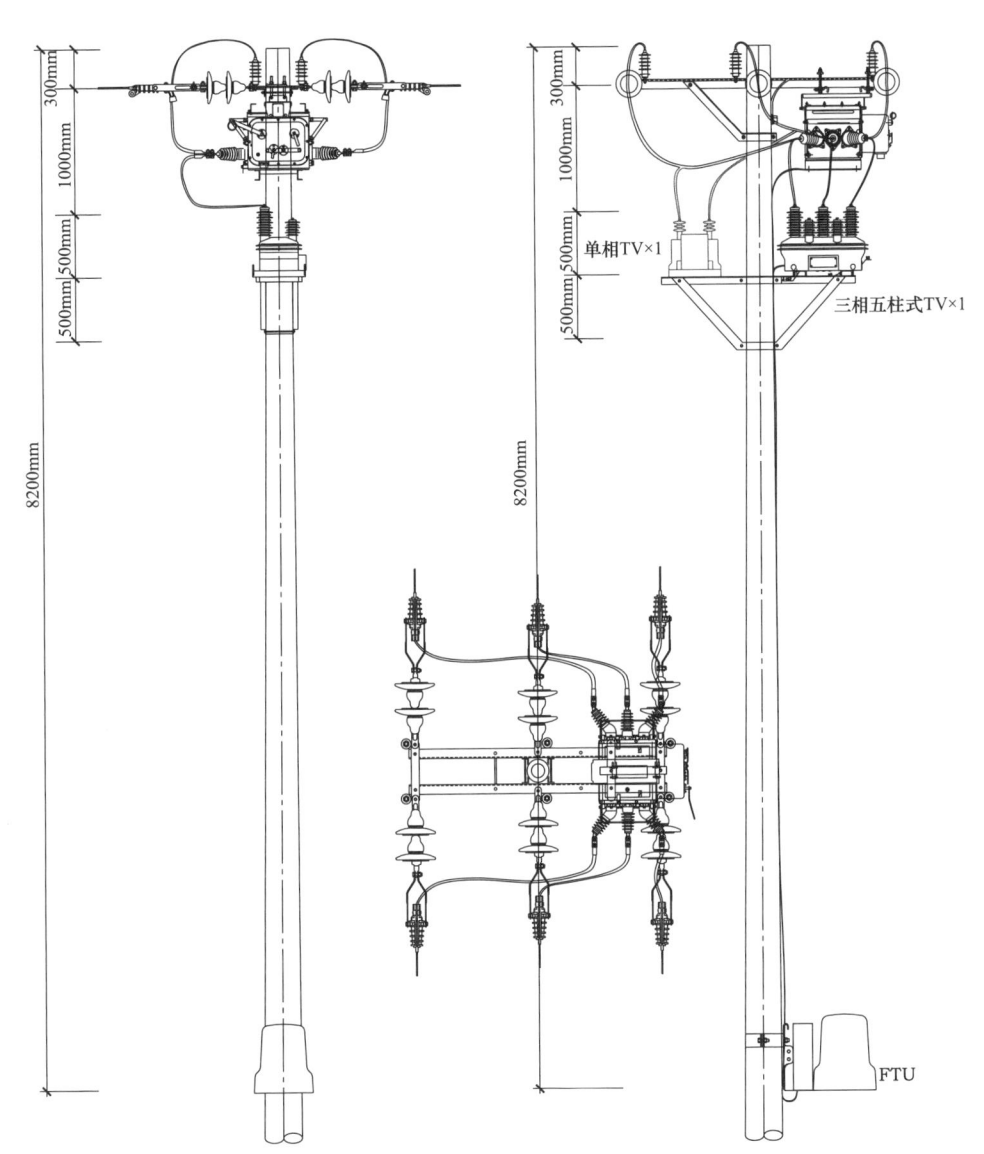

图 6-1 柱上真空负荷开关、TV、FTU 安装示意

目前运行的柱上真空负荷开关均为 2015 年以前挂网运行，2016 年后新装增量均为柱上断路器开关，涉及多个供应商，各开关自动化接口不统一，北京公司已逐步淘汰柱上真空负荷开关。库存 FTU 航空接插件与挂网运行的真空负荷开关插座匹配困难，无法继续匹配使用，已不满足京电运检 68 号文中相关条款的要求。

（1）10kV 柱上真空负荷开关利用在"三省"、事故抢修等工程。

（2）10kV 分支线非重要节点区段间的开关。

（3）10kV 联络断路器配置三相五柱式 TV/1 台、单相 TV/1 台。

（4）10kV 单相 TV，可在招标时协商供应商，仅供 1 台三相五柱式 TV，另一台单相 TV 利用现有库存。

7 10kV 铁塔

7.1 技术原则

7.1.1 概述

线路将电力输送到千家万户，是人们生产和生活最基本的公共设施。为配合城镇的建设发展，对线路的要求已不再是简单的传输功能，而对其环境功能提出了更高的要求。四通八达的线路，一方面是城镇发展历程的忠实记录者，以及城镇综合实力的直接体现者；另一方面则展示了城镇的风貌。目前在城镇中使用较广的传统杆塔的结构型式主要为水泥杆、钢管杆及窄基塔。

10kV 铁塔利库应掌握库存的真实状况，综合分析，保证 10kV 铁塔安全可靠，经济合理；库存 10kV 铁塔供应商工艺水平各有差异，参差不齐。供应商执行的设计标准、规范不一，设计思路、输入条件、考虑裕度均、使用环境、不一致。

10kV 铁塔如图 7-1 所示。

7.1.2 杆型的划分

10kV 配电网采用杆高大部分为 15m，单回线路为主，可同杆架设单回 380/220V 线路；杆塔基础为现浇混凝土基础，主要有地脚螺栓基础和插入式基础两种。

1. 钢筋混凝土基础

混凝土标号不宜低于 C15。钢筋混凝土基础的优点为：①尺寸、形式多样化，可满足不同塔型的要求；②材料可零星运至塔位，较预制混凝土基础方便。其缺点为：混凝土量大，耗费人工多，存在现场养护的问题，施工质量难以保证。

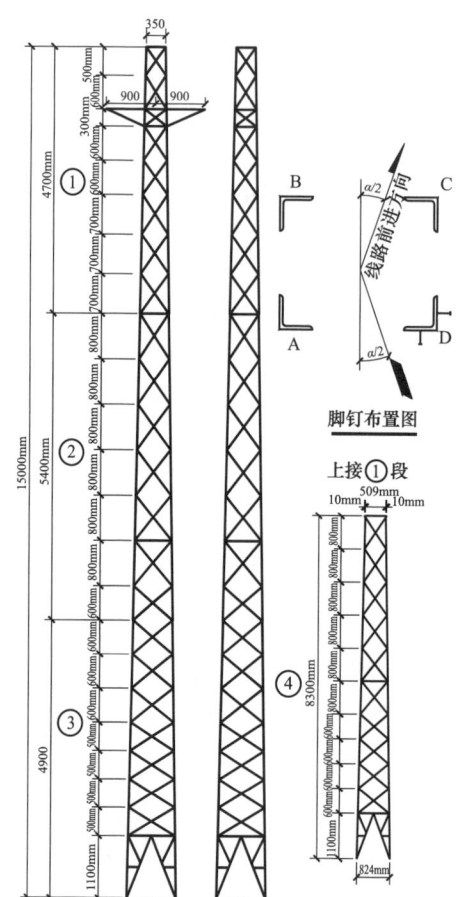

材料汇总表

材料	材质	规格	段号 1	段号 2	段号 3	段号 4	塔高/m 13.0	塔高/m 15.0
垫圈	Q235	-3A(φ17.5)	0.1	0.3	0.6		0.1	1.0
		-4A(φ17.5)	0.4	0.3		0.6	1.0	0.7
		小计	0.5	0.6	0.6	0.6	1.1	1.7
合计/kg			268.0	357.6	618.5	775.4	1043.4	1244.1
考虑防盗螺栓增重				8.9	19.4	25.1		

材料汇总表
（各塔高重量合计表）

塔高/m	13	15
段号	①④	①～③
重量/kg	1069.2	1273.1
铁塔名称(型号)	ZJT-J1	
铁塔塔高	13m(主材准线45)	15m(主材准线45)
接腿	④	③
铁塔根开/mm	824.0	900.0
基础根开/mm	869.0	945.0
基础地脚螺栓间距/mm	200	200
每腿基础地脚螺栓配置(35号钢)	4M27	4M27

注：以上重量汇总已经包含防盗螺栓重量。

图 7-1　10kV 铁塔

钢筋混凝土基础适用于土质满足要求（黏性土、砂土、碎石等抗压强度较高的土质），交通方便，砂、石料来源充足，水源有保证的地区。

2. 现浇混凝土基础

现浇混凝土基础的基本形式为立柱台阶式，其结构有主柱和底盘（台阶）两个部分，主柱有直柱和斜柱两种，台阶有一层或多层。

3. 桩式基础

桩式基础适用于输电线路跨越江河或经过湖泊、沼泽地等软弱土质（淤泥、淤砂）地区时。这种土质通常在不太深处有较厚的坚实土层，且地下水位较高，施工时排水困难。

桩式基础的桩尖部均埋置于原状土中，基础受力后变形小、抗压抗拔抗倾覆的能力强，且节约土石方。

按埋设深度可将桩式基础分为浅桩基础和深桩基础两种。

7.1.3 杆塔定位的原则

杆塔定位原则主要指选定塔位、配置档距和选择杆型等方面应考虑的主要问题。

1. 塔位选择原则

应尽量少占耕地和良田，减少施工土石量。塔位尽可能避开洼地、泥塘、水库、冲沟、断层等水文、地质条件不良地带，对于带拉线杆塔还应考虑打拉线处的条件。

应具有较好的施工（组杆、立杆）条件，对于非直线杆塔，宜立于较平坦、便于紧线和机具运输的处所。

2. 杆塔选用原则

应尽可能选用较经济的杆塔型式或高度，充分利用杆塔的使用荷重条件，尽量使用节省钢材的杆塔型式，注意尽可能避免使用特殊杆塔和特殊设计的杆塔，大转角应尽量降低塔高。

3. 档距的配置原则

档距的配置，应最大限度地利用杆塔高度和强度，相邻档距的大小不应太悬殊，以避免过大的纵向不平衡张力。尽量避免出现孤立档。同时还应考虑档距中央导线的接近情况，特别是当不同杆型或不同导线排列方式杆塔相邻时。

7.1.4 10kV 铁塔中技术处理要点

1. 对利旧 10kV 铁塔分类

根据初步掌握的资料，对利旧 10kV 铁塔进行分类，分类的目的是便于利旧，重点突出。架空配电线路的电杆按其作用可分为直线杆、耐张杆、转角杆、终端杆、分支杆及跨越杆等；基础形式可分为钢管桩、灌注桩及台阶式等；横担形式可分为固定横担、预制横担及可拆卸横担等。

10kV 铁塔应根据库存信息分类，确定使用场景及使用环境。

2. 初步确定利旧方案

根据利旧 10kV 铁塔的分类，逐类进行分析，对收集到的资料进行整理，逐基对号。按类哪些10kV铁塔利旧价值较高，哪些10kV铁塔利旧价值一般，同时剔除那些在安全上和经济上已无利旧价值的10kV铁塔。

3. 具体确定利旧方案

根据所收集的资料和建设单位所提供的"旧10kV铁塔检验报告书"筛选使用。为了更有效地利用旧10kV铁塔，发挥10kV铁塔的最大能力，提高10kV铁塔利旧率，达到既安全可靠又节省投资的目的，应具体确定利旧方案，可按如下程序进行。

（1）根据已确定的可利旧10kV铁塔与现装置中工艺条件要求的10kV铁塔对号入座。工艺专业对10kV铁塔的直径、长度（或高度）有一个最低的要求，旧10kV铁塔的相应尺寸必须满足这一基本要求。然后再根据使用条件确定利旧哪些10kV铁塔。

（2）旧10kV铁塔结构设计中，在一般情况下，当壁厚能满足强度要求，还要满足风载荷要求等。

（3）10kV铁塔利旧在结构上有多种形式，特别是涉及大批10kV铁塔利旧时，应统一考虑，灵活处理。旧10kV铁塔情况比较复杂，又缺少大量的资料。应在通过检验、试验、焊接工艺评定等方式，最终做到对旧10kV铁塔有了较全面的细致的掌握之后，再统一考虑利旧问题。

（4）对于强度校核不合格或腐蚀裕量不能满足的10kV铁塔不能利旧，可将其作为其他杆型使用。

7.2 利库技术方案

7.2.1 10kV铁塔利旧基本资料

根据旧10kV铁塔清单，应逐基或逐批次收集各种技术资料及数据，包括10kV铁塔原始设计资料（图纸、计算书、设计条件等）、制造日期等文件，具体如下。

（1）10kV铁塔的详细结构图（包括附件）。

（2）所有受载荷件的壁厚，包括插接、法兰等。

（3）10kV铁塔内、外部检验，包括腐蚀程度、腐蚀坑深等，10kV铁塔在拆卸及运输中是否引起变形、凹瘪、弯曲等。

（4）对裂纹较敏感的 10kV 铁塔应对裂纹进行详细的检测。裂纹数量、产生部位、具体形状、长度和深度等。

7.2.2　10kV 铁塔利旧经济性

（1）10kV 铁塔利旧应经济性合理，利旧 10kV 铁塔不但要进行安全评定，还要进行经济分析对比，利旧的目的是为了省钱，如果旧 10kV 铁塔的检测、评定等费用很高，使用寿命较短，再加上使用中的管理费用和检维修费用等，与新制 10kV 铁塔相差无几，甚至比新制 10kV 铁塔费用还高，在这种情况下不能进行利旧。

（2）配网改造工程中，按照 10kV 铁塔分类，利旧库存应优先考虑降级使用。

（3）可根据现场使用环境"以大代小""以高带低"使用。

（4）利用在郊区路径便于协调前期的工程，如非经济作物、道路边缘等。

8 锥形水泥杆

8.1 技术原则

8.1.1 概述

我国生产水泥电杆有近 80 年的历史，由于基础工业的快速发展，公路等级的提高和超长运输车辆的出现，以及人们的观念意识的转变等，我国的水泥电杆将会朝着超长度、高强度的方向发展。新型水泥电杆不仅很大程度上消除了现有的水泥电杆在长度和强度上的不足，而且与钢结构钢管杆相比具有寿命长、维护费用和造价低等优点。

水泥电杆是城镇建设中重要的一种设施，在国民生产生活中占有重要地位。我们在架设电力线路时采用的水泥电线杆分为以下几种，每种电线杆用途也各不相同。

配电网采用杆型主要为水泥杆和钢管杆，水泥杆分为非预应力水泥杆、预应力水泥杆及部分预应力水泥杆，依照最新国家电网典设，水泥杆按杆长分为 10m、12m、15m 及 18m 共 4 种规格。架空配电线路的电杆按其作用可分为直线杆、耐张杆、转角杆、终端杆、分支杆及跨越杆等。

1. 直线杆

直线杆是指位于线路直线段上，仅作支持导线、绝缘子和金具用的电杆。在正常情况下，能承受线路侧面风压，但不承受顺线路方向拉力。直线杆占线路中全部电杆数的 80%以上。

2. 耐张杆

耐张杆是架空配电线路中的承力杆，承受导线的水平张力，同时将线路分隔成若干段，以加强机械强度；在断线事故和紧线情况下，能承受一侧导线的拉力，限制事故范围的扩大。

3. 转角杆

转角杆是指位于线路改变方向的转角处电杆，可分为直线转角杆和耐张转角杆两种，根据线路转角角度大小而定。正常情况下，转角杆除承受导线等垂直荷重及风压水平荷重外，还要承受线路内角平分线方向上导线全部拉力的合力。

4. 终端杆

终端杆是指位于线路首端和终端耐张型电杆。终端杆除承受导线的垂直荷重和水平风压外，还要承受顺线路方向全部导线的拉力。

5. 分支杆

分支杆是指位于线路分支处的电杆。分支杆在正常情况下除承受直线杆所承受的荷重外，还要承受分支线路导线的垂直荷重、水平风压、导线架线应力。

6. 跨越杆

跨越杆属于直线杆的一种特殊形式，位于铁路、公路、河流、电力线和通信线路的跨越处。跨越杆一般用双针式瓷瓶固定导线，以保证线路及被跨物的安全。

8.1.2 电杆杆型选取原则

杆高选定主要针对杆路中占绝大多数的标准杆高；特殊地点的杆高需按线缆与其他建筑设施的间距要求来选定。

1. 混凝土电杆回路数

（1）10kV 架空线路混凝土电杆一般采用单回路架设，单双回均可同杆架设单回 380/220V 线路。

（2）10kV 架空线路钢管杆，除 16m 耐张钢管杆外，均可同杆架设单回 380/220V 线路。

（3）选用其他回路数架设时请设计人员进行核算。

2. 杆高选择

（1）10kV 架空线路平原混凝土电杆杆高不低于 15m，电杆强度等级选 I、M 级（结合使用条件进行校验）；"单杆背"柱上变压器电杆杆长不低于 15m，电杆强度等级选 L 级；变台副杆杆长不低于 15m，电杆强度等级选 L 级。

（2）转角水泥杆应选用高强度等级电杆或钢管杆，减少或不使用拉线方式；

电杆强度等级选 O、T 级。位于人口密集、妨碍通行、打拉线不便等位置的电杆采用钢管杆，钢管杆杆长应选用 13m、16m 两种规格。

（3）选用其他规格电杆时请设计人员进行核算。

3. 杆型使用原则

（1）10kV 架空线路应选用普通环形混凝土内嵌接地线电杆。当架空线路为裸导线时，可采用普通混凝土电杆。

（2）10kV 单回单杆 0°~15°采用直线混凝土电杆，15°~30°采用抱立混凝土电杆，30°~45°采用耐张混凝土电杆，45°~90°采用转角混凝土电杆。

8.1.3 杆塔基础形式

基础是杆塔的地下部分，基础的类型如下。

1. 现浇混凝土基础

现浇混凝土基础主要有地脚螺栓基础和插入式基础两种，混凝土标号不宜低于 C25。其优点为：①尺寸、形式多样化，可满足不同塔型的要求；②材料可零星运至塔位，较预制混凝土基础方便；其缺点为：混凝土量大，耗费人工多，存在现场养护的问题，施工质量难以保证。

现浇混凝土基础适用于土质满足要求（黏性土、砂土、碎石等抗压强度较高的土质），交通方便，砂、石料来源充足，水源有保证的地区。

现浇混凝土基础的基本形式为立柱台阶式，其结构有主柱和底盘（台阶）两个部分，主柱有直柱和斜柱两种，台阶有一层或多层。

2. 桩式基础

桩式基础适用于线路跨越江河或经过湖泊、沼泽地等软弱土质（淤泥、淤砂）地区时。这种土质通常在不太深处有较厚的坚实土层，且地下水位较高，施工时排水困难。桩式基础的桩尖部均埋置于原状土中，基础受力后变形小、抗压抗拔抗倾覆的能力强，且节约土石方。

按埋设深度，桩式基础可分为浅桩基础和深桩基础两种。

按施工方式，桩式基础可分为打入桩式基础钻孔灌注桩式基础两种。

8.1.4 杆塔路径选择定位原则

充分调研比较线路所经区域的地形、水文、地质条件，在满足上述条件的情况下，选择线路长度最短、施工方便、运行安全，便于维护的路径方案。

路径杆塔定位选择是配电线路设计的第一步，路径选择是否合理，不仅影响工程整体建设投资，而且会直接影响线路的运行和维护。

（1）能满足计划年限内（一般为5年）各负荷点的用电要求。村内配电线路的路径应与农村发展规划相结合，村外配电线路的路径应注意方便机耕，少占耕地，并要与农业机械化、水利、道路规划相结合。

（2）要求路径短，避免迂回线路，减少交叉和无谓的转角，以减少建设投资和维护运行费用。

（3）尽量靠近道路，便于运输和施工，但不得影响机耕和交通。

（4）配电线路的路径应选择平坦地势，避开易受山洪、雨水冲刷的地带，避开易燃、易爆场所，以满足安全运行条件。

（5）配电线路及配电设备应避开有严重污秽和化学污染的地方。

8.2 利库技术方案

（1）由于技术政策的调整，导致剩余10m锥形水泥电杆数量相对较多，可根据锥形水泥电杆应用场景综合考虑利库方案。锥形水泥电杆如图8-1所示。

（2）利旧锥形10m水泥电杆应经济合理，架空线与建筑物的垂直距离能满足规程规范要求的地区。可根据现场使用场景，替代原有设计规格型号，还要进行经济分析对比。

（3）配网改造工程利旧锥形10m水泥电杆适应与农村低压分支小截面导线、胡同、农田，新建线路周边无影响线路安全运行的高大灌木、无新建农村居民建筑等区域，利旧库存应优先考虑降级使用。

（4）锥形10m水泥电杆用在人口稀少和房屋稀少的地区（非居民区）且满足导线对地距离不小于5m的条件下使用；水泥电杆钢筋受力分预应力和非预应力两类，但城镇、路边和有可能遭受外力导致水泥杆破坏的地方不宜采用预应力型水泥杆。从方便施工管理，减少现场配置不统一造成的质量问题考虑，不宜使用预应力水泥杆。

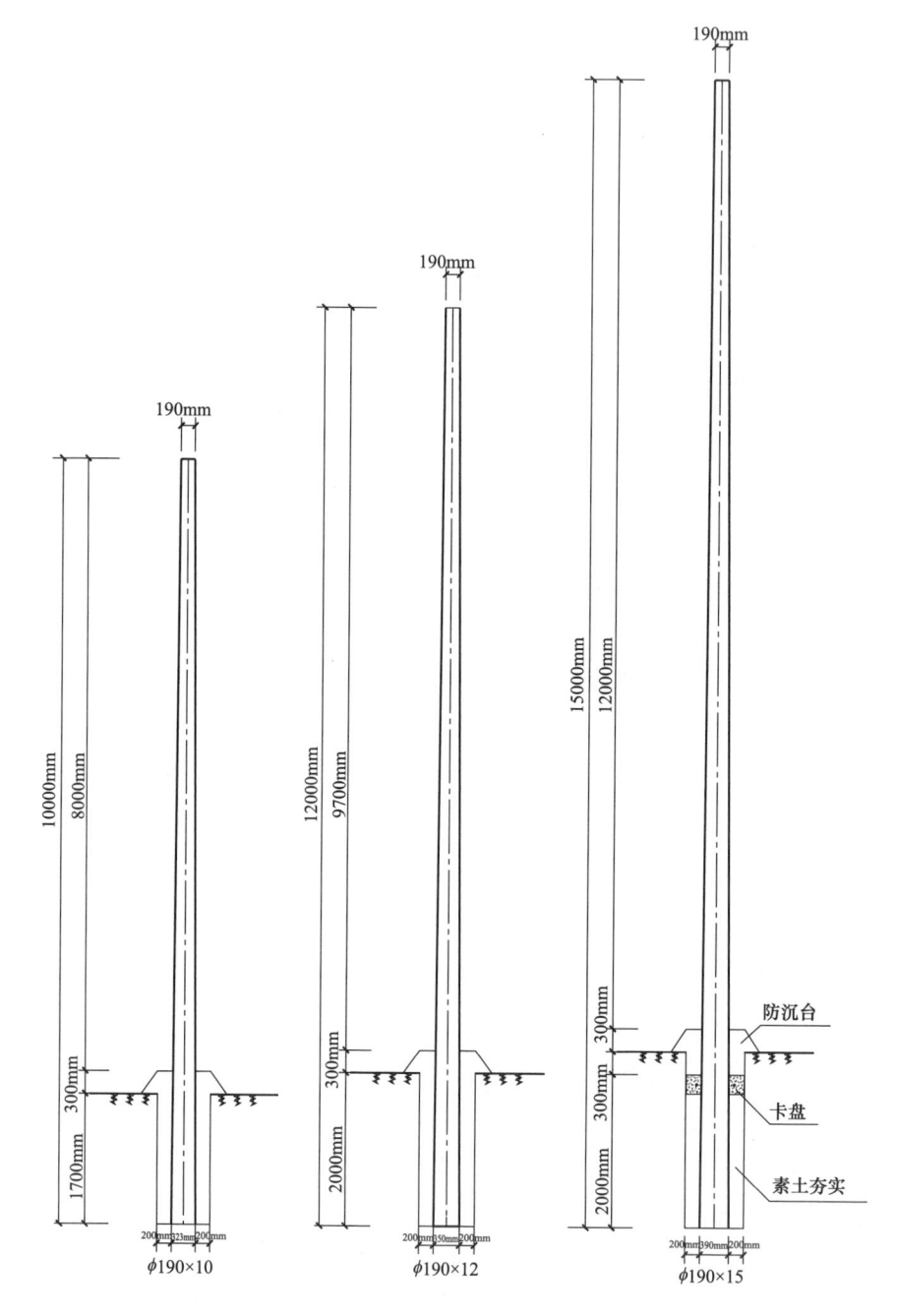

图 8-1 锥形水泥电杆

9 柱上低压综合配电箱

9.1 技 术 原 则

9.1.1 概述

柱上低压综合配电箱是按照电气接线要求将低压开关设备、计量箱和测量装置、保护电器和辅助设备组装在封闭箱体中,具有计量、测量、控制、保护、电能分配和无功补偿等集成功能的设备。目前北京地区柱上低压综合配电箱类型可分为Ⅰ型和Ⅱ型两种。应掌握柱上配电箱库存的真实状况综合分析,保证安全可靠,经济合理。

1. 标准化配置要求

按照"资源节约型、环境友好型"的原则,配电网建设与改造应采用成熟先进的新技术、新设备、新材料、新工艺,优先选用小型化、免(少)维护、低损耗节能环保的标准化配电网设备。

主要电气设备选择按照可用寿命期内综合优化原则,选择免检修、少维护的电气设备,其性能应能满足高可靠性、技术先进、环保性、易扩展、模块化的要求。

2. 绝缘配合及过电压保护

(1)电气设备的绝缘配合,参照《交流电气装置的过电压保护和绝缘配合设计规范》(GB 50064—2014)确定的原则进行。

(2)防雷设计应满足《建筑物防雷设计规范》(GB 50057—2010)中的要求。

(3)采用交流无间隙金属氧化物避雷器进行过电压保护。采用电涌保护器进行雷电磁感应过电压保护。

(4)交流电气装置的接地应符合《交流电气装置的接地设计规范》(GB 50065—2011)要求。采用水平和垂直接地的混合接地网。接地体的截面和材料选择应考虑热稳定和腐蚀的要求。接地电阻、跨步电压和接触电压应满足有关规程要求。具体工程中如接地电阻不能满足要求，则需要采取降阻措施。

（5）配电网的过电压保护和接地设计原则。应符合《交流电气装置的接地设计规范》（GB 50065—2011）、《交流电气装置的过电压保护和绝缘配合设计规范》（GB 50064—2014）要求。

9.1.2 柱上低压综合Ⅰ型配电箱基本方案

1. 概述

本方案适用于公用柱上变压器台区工程的 380/220V 部分。范围从 380V 综合配电箱进线桩头到出线桩头止，设计内容包括 380kV 综合配电箱接线、外形尺寸、安装图。

低压综合配电箱进线采用塑壳断路器开关，出线采用带剩余电流保护器的塑壳式断路器，并配置无功补偿装置，补偿容量为 90kvar；箱内母线采用铜导体，额定电流 800A；箱体采用非金属（SMC）材质；进出线采用电缆下进上出；安装方式为侧装。

2. 方案技术条件

柱上低压综合Ⅰ型配电箱方案技术条件见表 9-1。

表 9-1 柱上低压综合Ⅰ型配电箱方案技术条件

序号	项目名称	内容
1	进出线回路数	一进一出，水平排列，进出线全部采用电缆
2	额定电流	进线塑壳断路器开关额定电流 800A；出线塑壳断路器额定电流 630A
3	额定短路耐受电流	进线熔断器分断能力≥100kA；出线塑壳断路器额定运行分断能力≥31.5kA
4	主母排额定电流	800A
5	主要设备选型	铜母线，进线塑壳断路器开关，出线塑壳断路器，1 回路配置；电容采用三相智能电容，按无功需求自动投切，配电智能终端，计量部分按照营销要求配置
6	布置方式	进出线开关采用水平排列

续表

序号	项目名称	内容
7	安装方式	侧装
8	防雷接地	箱内设置限压型电涌保护器 SPD，箱体及 SPD 接地与柱上变压器接地共用一接地网，接地网接地电阻不小于 4Ω
9	通风	自然通风

3. 主要设备选型

柱上低压综合Ⅰ型配电箱主要设备选型见表 9-2。

表 9-2　柱上低压综合Ⅰ型配电箱主要设备选型

设备名称	设备型式及技术参数	备注
进线开关设备	塑壳断路器开关 800A；熔断器开断能力≥100kA；铜母线，额定电流 800A	
出线开关设备	塑壳断路器额定电流 800A；额定运行分断能力≥31.5kA	
主母线	非挂接全绝缘母线，额定电流 800A	
无功补偿	智能一体化电容，补偿容量 90kvar	无触点复合开关控制，自动投切
计量配置	预留互感器、配电终端安装位置	按营销要求配置

4. 绝缘配合及过电压保护与接地

电气设备的绝缘配合，参照《交流电气装置的过电压保护和绝缘配合》（DL/T 620—1997）执行。

低压柱上综合配电箱防雷采用限压型浪涌保护器，壳体、浪涌保护器及避雷器应接地，接地引线与柱上变压器接地网可靠连接。

5. 电气设备布置

本方案采用柱上变压器台架侧装方式，进出线开关设备水平排列在箱体内，采用电缆下进上出线方式。

6. 箱体要求

（1）标识。配电箱应按国家电网公司相关要求统一安装标识标牌，包括站号牌、站外组合标识牌、设备室标识牌、设备相关标识、安全警示线标识等。

（2）箱壳材料。箱体外壳选用非金属（SMC）材料，在薄弱位置应增加加强筋，箱壳挂点应有足够的机械强度，在起吊、运输、安装中不得变形或损伤。

7. 消防、通风、环境保护及其他

（1）消防。与其他建筑物距离应满足防火规范要求。

（2）通风。自然通风。

（3）环保。噪声对周围环境影响应符合《声环境质量标准》（GB 3096—2008）的规定和要求。

8. 主要元器件材料

柱上低压综合Ⅰ型配电箱（一进一出，侧装）主要元器件材料见表9-3。

表9-3　柱上低压综合Ⅰ型配电箱（一进一出，侧装）主要元器件材料

序号	名称	型号规范	单位	数量	备注
1	塑壳断路器开关	壳架电流800A，熔断器开断能力≥100kA	只	1	
2	塑壳断路器	塑壳断路器额定电流为400A时，额定运行分断能力≥31.5kA	只	1	
3	三相电容器	BMSJ-20-0.4；BMSJ-10-0.4	台	3	共补
4	单相电容器	BMSJ-10-0.25	台	3	分补
5	电流互感器	600/5A，0.5级	只	3	测量用
6	电流互感器		只	3	计量用（按营销计量要求配置）
7	电涌保护器	限压型	套	1	
8	避雷器	FYS-0.22	只	3	
9	箱体	SMC材料	座	1	640mm×900mm×1100mm（宽×深×高）

9. 使用说明

（1）本方案适用于容量为400kVA柱上变压器配置的柱上低压综合配电箱，一进一出，进线采用塑壳断路器开关，出线采用带剩余电流保护器的塑壳

式断路器，无功补偿采用自愈型干式电容器。根据工程需要，箱内无功补偿也可选用智能型模数化干式电容器。

（2）本方案进线采用塑壳断路器开关，出线采用带剩余电流保护器的塑壳式断路器。根据工程需要，进线可选用断路器，出线开关可选用塑壳断路器开关或塑壳式断路器型式。当有分布式电源接入需求时，进线宜采用断路器。

（3）用于 TT 接地系统时，出线断路器应配置剩余电流动作保护器。当用于 TN-C-S 接地系统时，380/220V 出线开关不应配置剩余电流动作保护器。

（4）箱体内应预留通信装置位置，满足台区运行监控进一步需求。

（5）本方案箱体防护等级为 IP44，箱体材质为纤维增强型不饱和聚酯树脂材料（SMC），根据工程需要也可选用不锈钢材质。

（6）主要扩展设备参数选择见表 9-4。

表 9-4 主要扩展设备参数选择

设备名称	型式及主要参数	备注
进线开关设备	塑壳断路器开关：800A/630A 400A/200A/100A	壳架电流 800A/630A 400A/200A/100A，熔断器开断能力 ≥100kA
主母线	全绝缘母线，额定电流 800A	相序从上到下为 A 相、B 相、C 相
计量配置	400kVA：600/5；315kVA：500/5；200kVA：300/5；100kVA：150/5；50kVA：100/5	根据营销计量要求调整
测量配置	400kVA：800/5；315kVA：600/5；200kVA：400/5；100kVA：200/5；50kVA：150/5	
无功补偿	400kVA：2×20△+1×10△+10Y；315kVA：2×20△+1×10△+10Y；200kVA：2×20△+1×15△+5Y；100kVA：1×10△+1×15△+5Y	根据营销计量要求调整

注：表中进出线配置分别对应变压器容量 400kVA、315kVA、200kVA、100kVA、50kVA。

10. 设计图

柱上低压综合 I 型配电箱典型设计方案的设计图包括电气接线图和外形

图，分别如图 9-1 和图 9-2 所示。

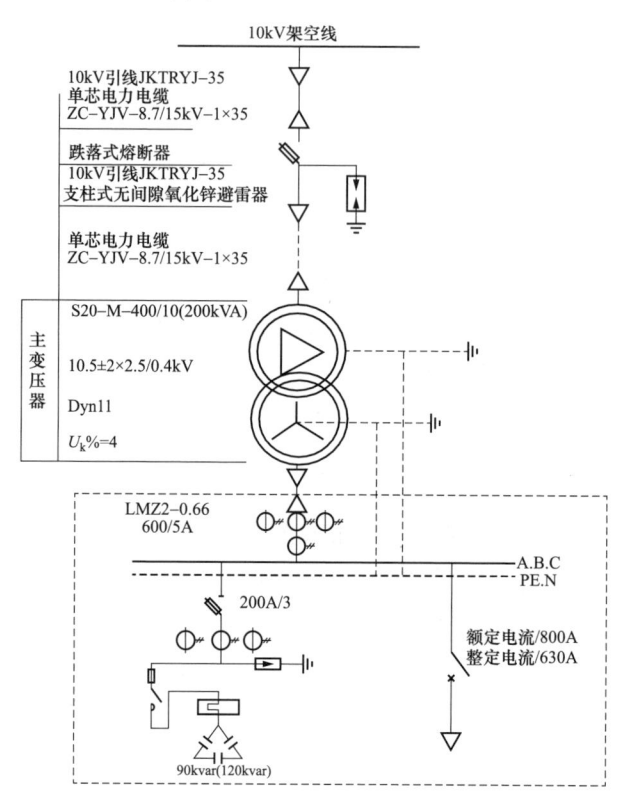

图 9-1 一进一出侧装柱上低压综合 I 型配电箱电气接线图

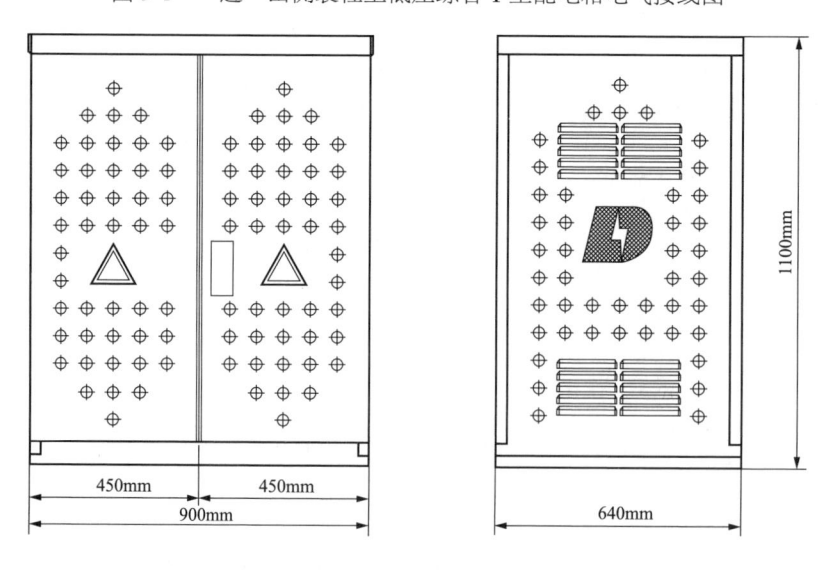

图 9-2 一进一出侧装柱上低压综合 I 型配电箱外形图

9.1.3 柱上低压综合Ⅱ型配电箱基本方案

1. 设计说明

本方案适用于公用柱上变压器台区工程的 380/220V 部分。本方案设计范围从 380V 综合配电箱进线桩头到出线桩头止，设计内容包括 380kV 综合配电箱接线、外形尺寸、安装图。

低压综合配电箱进出线均采用塑壳断路器，并配置无功补偿装置，补偿容量为 90kvar；箱内母线采用铜导体，进线开关额定电流 800A；箱体采用非金属（SMC）材质；进出线采用电缆下进下出；安装方式为托装。

2. 方案技术条件

柱上低压综合Ⅱ型配电箱（托装）方案技术条件见表 9-5。

表 9-5 柱上低压综合Ⅱ型配电箱（托装）方案技术条件

序号	项目名称	内容
1	进出线回路数	一进三出，水平排列，进出线全部采用电缆
2	额定电流	进线塑壳断路器开关额定电流 800A； 出线塑壳断路器加漏电开关额定电流 400A、250A
3	额定短路耐受电流	熔断器分断能力≥100kA
4	主母排额定电流	800A
5	主要设备选型	铜母线，进出线塑壳断路器开关，3 回路配置；电容采用三相智能电容，按无功需求自动投切，配电智能终端，计量部分按照营销要求配置
6	布置方式	进出线开关采用水平排列
7	安装方式	托装
8	防雷接地	箱内设置限压型电涌保护器 SPD，箱体及 SPD 接地与柱上变压器接地共用一接地网，接地网接地电阻不小于 4Ω
9	通风	自然通风

3. 主要设备选型

柱上低压综合Ⅱ型配电箱（托装）主要设备选型见表 9-6。

表 9-6　柱上低压综合Ⅱ型配电箱（托装）主要设备选型

设备名称	型式及主要参数	备　注
进线开关	塑壳断路器开关:800A； 开断能力≥100kA； 铜母线，额定电流 800A	
出线开关	塑壳断路器:400A、250A； 熔断器开断能力≥100kA； 铜母线，额定电流 800A	
主母线	额定电流 630A	
无功补偿	干式电容器，补偿容量 90kvar	无触点复合开关控制，自动投切
计量配置	预留互感器、配电终端安装位置	按营销要求配置

4. 绝缘配合及过电压保护及接地

电气设备的绝缘配合，参照《交流电气装置的过电压保护和绝缘配合》（DL/T 620—1997）执行。

低压柱上综合配电箱防雷采用限压型浪涌保护器，壳体、浪涌保护器及避雷器应接地，接地电阻小于 4Ω，接地引线与柱上变压器接地网可靠连接。

5. 电气设备布置

本方案采用柱上变压器台架托装方式，进出线开关水平排列在箱体内，采用电缆下进下出线方式。

6. 箱体要求

（1）标识。配电箱应按国家电网公司相关要求统一安装标识标牌，包括站号牌、站外组合标识牌、设备室标识牌、设备相关标识、安全警示线标识等。

（2）箱壳材料。箱体外壳选用非金属（SMC）材料，在薄弱位置应增加加强筋，箱壳挂点应有足够的机械强度，在起吊、运输、安装中不得变形或损伤。

7. 消防、通风、环境保护及其他

（1）消防。与其他建筑物距离应满足防火规范要求。

（2）通风。自然通风。

（3）环保。噪声对周围环境影响应符合《声环境质量标准》（GB 3096—2008）的规定和要求。

8. 主要设备材料清册（见表9-7）

表9-7　低压柱上综合配电箱（一进三出，托装）

序号	名称	型号规范	单位	数量	备注
1	进线塑壳断路器开关	壳架电流800A，开断能力≥100kA	只	1	
2	出线塑壳断路器加漏电开关	壳架电流400A×2、250A，开断能力≥100kA	只	3	
3	三相电容器	BMSJ-20-0.4；BMSJ-10-0.4	台	3	
4	单相电容器	BMSJ-10-0.25	台	3	
5	电流互感器	600/5A，0.5级	只	3	测量用
6	电流互感器		只	3	计量用（按营销计量要求配置）
7	电涌保护器	限压型	套	1	
8	避雷器	FYS-0.22	只	3	
9	箱体	SMC材料	座	1	640×1400×1120mm（宽×深×高）

9. 使用说明

（1）本方案适用于容量为400kVA柱上变压器配置的柱上低压综合配电箱，一进三出，进出线均采用塑壳断路器开关，无功补偿采用自愈型干式电容器。

（2）本方案进出线均采用塑壳断路器开关。

（3）用于TT接地系统时，出线断路器应配置剩余电流动作保护器。当用于 TN-C-S 接地系统时，380/220V 出线开关不应配置剩余电流动作保护器。

（4）箱体内应预留通信装置位置，满足台区智能测控终端的需求。

（5）本方案箱体防护等级为 IP44，箱体材质为纤维增强型不饱和聚酯树脂材料（SMC），根据工程需要也可选用不锈钢材料。

（6）主要扩展设备参数选择见表 9-8。

表 9-8 主要扩展设备参数选择

设备名称	型式及主要参数	备 注
进线开关	塑壳断路器开关：800A/630A400A/250A/100A	壳架电流 800A/630A400A/250A/100A，熔断器开断能力≥100kA
出线开关	两出塑壳断路器开关：400A×2/400A×2/400A×2/250A×2/100A×2 三出塑壳断路器开关：400A×3/400A×3/400A×3/200A×3	壳架电流为 400A/400A/400A/250A/100A，额定运行分段能力≥31.5kA
主母线	全绝缘母线，额定电流 800A/400A/200A	相序从上到下为 A 相、B 相、C 相
计量配置	400kVA：600A/5A；315kVA：500A/5A；200kVA：300A/5A；100kVA：150A/5A；50kVA：100A/5A	根据营销计量要求调整
测量配置	400kVA：800A/5A；315kVA：600A/5A；200kVA：400A/5A；100kVA：200A/5A；50kVA：150A/5A	
无功补偿	400kVA：2×20kvar+1×10 kvar +10Y；315kVA：2×20kvar +1×10kvar；200kVA：2×20kvar；100kVA：1×10kvar	根据营销计量要求调整

注：表中进出线配置分别对应变压器容量 400kVA、315kVA、200kVA、100kVA、50kVA，其中 50kVA 无三出配置。

10. 设计图

低压柱上综合配电箱典型设计方案的设计图包括电气系统图和外形图，分别如图 9-3 和图 9-4 所示。

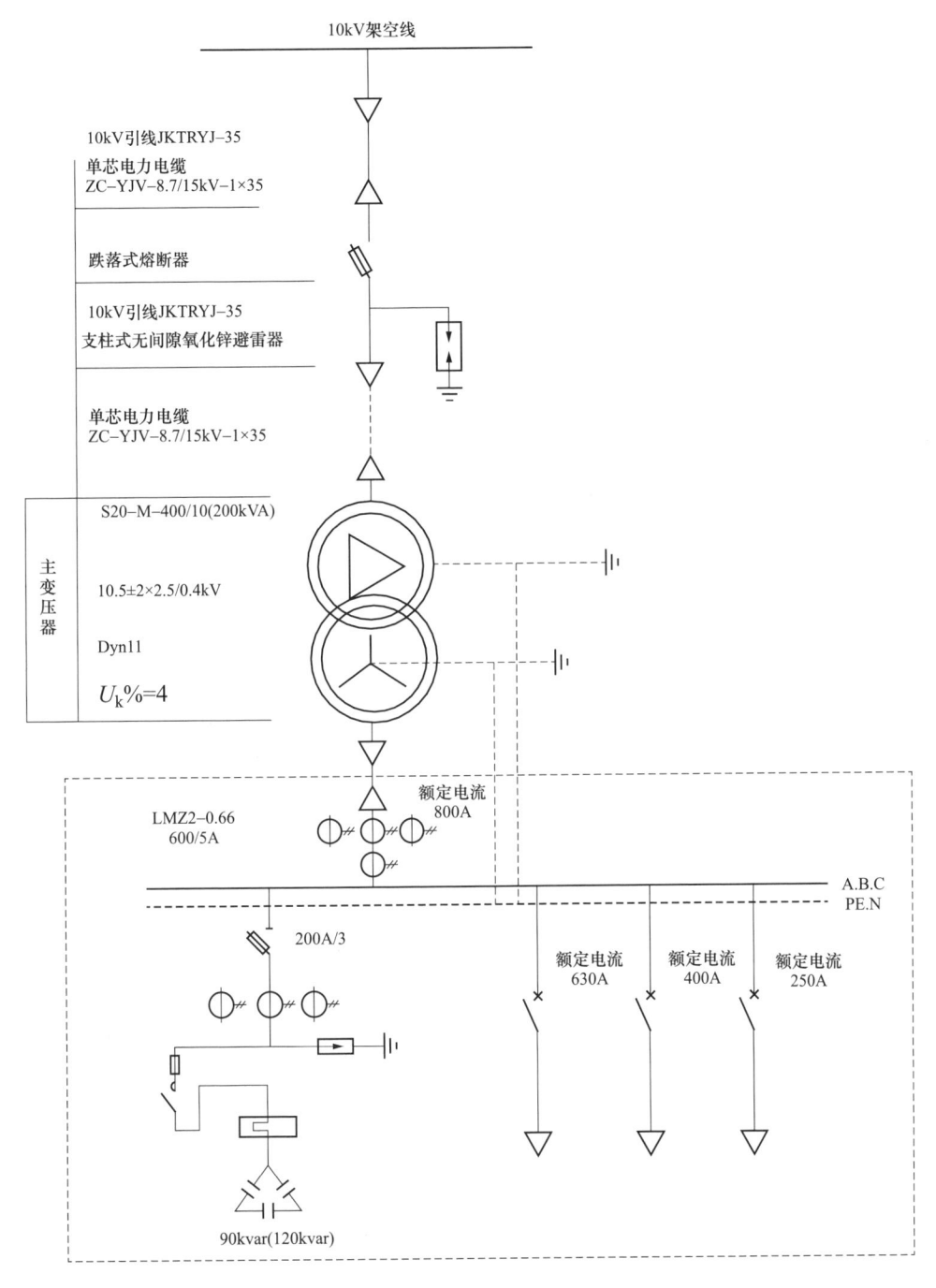

图 9-3 一进三出托装低压柱上综合配电箱电气系统图

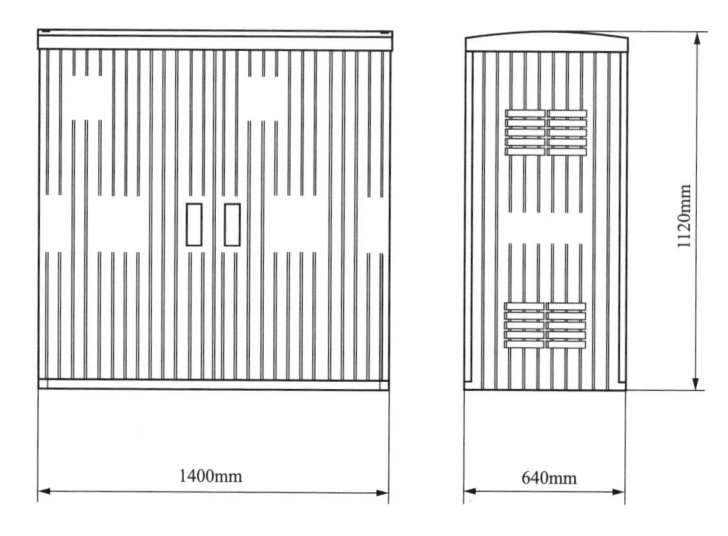

图 9-4　一进三出托装低压柱上综合配电箱外形图

9.2　利库技术方案

为了提高柱上低压综合配电箱利库率，从而达到既安全可靠又节省投资的目的，低压综合配电箱功能调整（Ⅰ型配电箱调整安装方式使用）能更有效的利库，发挥最大作用。

（1）建议用于远郊区城镇变压器分换装工程，城镇线路为全部绝缘化的低压 TN 接地系统。零线应在电源点接地，在主干线和分支线的终端处，应将零线重复接地。其接地装置的接地电阻不应大于 10Ω。根据雷电分布及相关数据统计，在变压器台低压出线终端杆可装设低压避雷器。

（2）考虑柱上变压器装设双台柱上配电箱并列安装（见图 9-5）或两台综合配电箱相对 90°安装（见图 9-6）。现状库存柱上低压综合配电箱为Ⅰ型，常规为近郊使用，Ⅰ型配电箱采用塑壳式断路器，按照 90kvar 配置无功补偿，进线方式采用箱体下进线。Ⅰ型上出线是采用低压绝缘子套管，出线端子铜排与套管铜排连接出线，柱上变台架侧面安装，高度 3m 以上位置。由于Ⅰ型配电箱为上出线，安装方式更改后新出路电缆，沿电杆采用电缆抱箍卡设，低压导线需与高压同杆架设，副杆低压侧改为耐张，分为低压 1 路、2 路向低压线路供电，向左右不同单方向供电。

（3）柱上综合配电箱Ⅰ型适当调整内部布置，调整开关容量及数量。

变压器台材料表（三相变压器）

序号	名称	规格	单位	数量	备注	包装箱号
1	10kV变压器	S13-M-400kVA 低压0Y（或S2/0kVA）Dyn11 或DZ×4	台	1		1#
2	配电箱（I型）	一进一出（800A/630A）	台	1	箱体IP33，主要材料及各部件尺寸具体按照专项设计制作	2#
3	10kV交联电线	JKTRYJ-35	m	3×1.5m	用于TV、电缆对接 含附件及交联电缆与铜接线端子，一颗白色套管	3#
4	高压配电引下电缆	ZC-YJV-8.7/10kV-1×35	m	3×7.1m	具体长度根据现场 含热缩型母线接线端子、绝缘防护罩等	
5	支持式无间隙氧化物避雷器	ZC-YJV-8.7/10kV-1×35	m	3×1.2m	不含附件	
6	10kV交联电线	JKTRYJ	m	20m	附6个铜接线端子	4#
7	变压器低压至下导压柜低压电缆	JKTRYJZ-0.6/1kV-1×240	m	10	变压器工作接地，并用2个铜制接线端子	
8	10kV交联电线	JKTRYJ-35	m	6	接线	
9	10kV交联电线	JKYJ-95	基	1		
10	内绝缘地线混凝土电杆	ø190×15m M级	基	1		5#
11	内绝缘地线混凝土电杆	ø190×15m M级	基	1		
12	跌落式熔断器	RW11-10	支	3	含熔丝管	
13	复合无间隙避雷器	YH5WD-17/46.4DZ	支	3	（系用Q345板止）	
14	柱头电缆子	R12.5ET105	块	1	配合低压柱头电缆用	
15	变压器支撑槽钢	∠63×6×2100	块	2		
16	低压支撑下斜抱箍	-8×80 D320	块	1		
17	横担固定抱箍	∠63×6×2650	块	2		
18	低压箱支撑	[100×3800	块	2		
19	变压器固定槽钢	[63×750	块	2		
20	变压器固定槽钢	[63×500	块	2		
21	U型抱箍	ø16×760	副	2	带螺母及垫圈（带帽）附绝缘垫	
22	U型抱箍	ø16×960	副	2	带螺母及垫圈（带帽）附绝缘垫	
23	电缆抱箍（上段）	-6×60×D220×d60	副	2	带螺母及垫圈（带帽）附绝缘垫	
24	电缆抱箍	-6×60×D240×d60	副	2	带螺母及垫圈（带帽）附绝缘垫	
25	电缆抱箍（上段）	-6×60×D280×d60	副	2	带螺母及垫圈（带帽）附绝缘垫	
26	电缆抱箍（上段）	-6×60×D300×d60	副	2	带螺母及垫圈（带帽）附绝缘垫	
27	电缆抱箍	-6×60×D300×d80	副	1	带螺母及垫圈（带帽）附绝缘垫	
28	电缆抱箍	-6×60×D240×d80	副	2	带螺母及垫圈（带帽）附绝缘垫	
29	电缆抱箍	-6×60×D280×d80	副	2	带螺母及垫圈（带帽）附绝缘垫	
30	电缆抱箍	-6×60×D300×d80	副	2	带螺母及垫圈（带帽）附绝缘垫	
31	接地扁钢	D19-2500	副	1	加大加厚	
32	双支螺栓	M20×450	件	4	固定金具及变压器	
33	螺栓	M16×150	件	8		
34	螺栓	M20×90	件	8		
35	螺母	M20	件	35		
36	大垫	M20	件	20		
37	平垫	M16	件	20		
38	弹垫	M20	件	10		
39	弹垫	M16	件	10		
40	接地铜螺杆	M16	件	20		
41	接线金具及紧固件		套	10		4#

图 9-5 一进一出双台柱上综合配电箱并列安装

变压器台材料表（三相变压器）

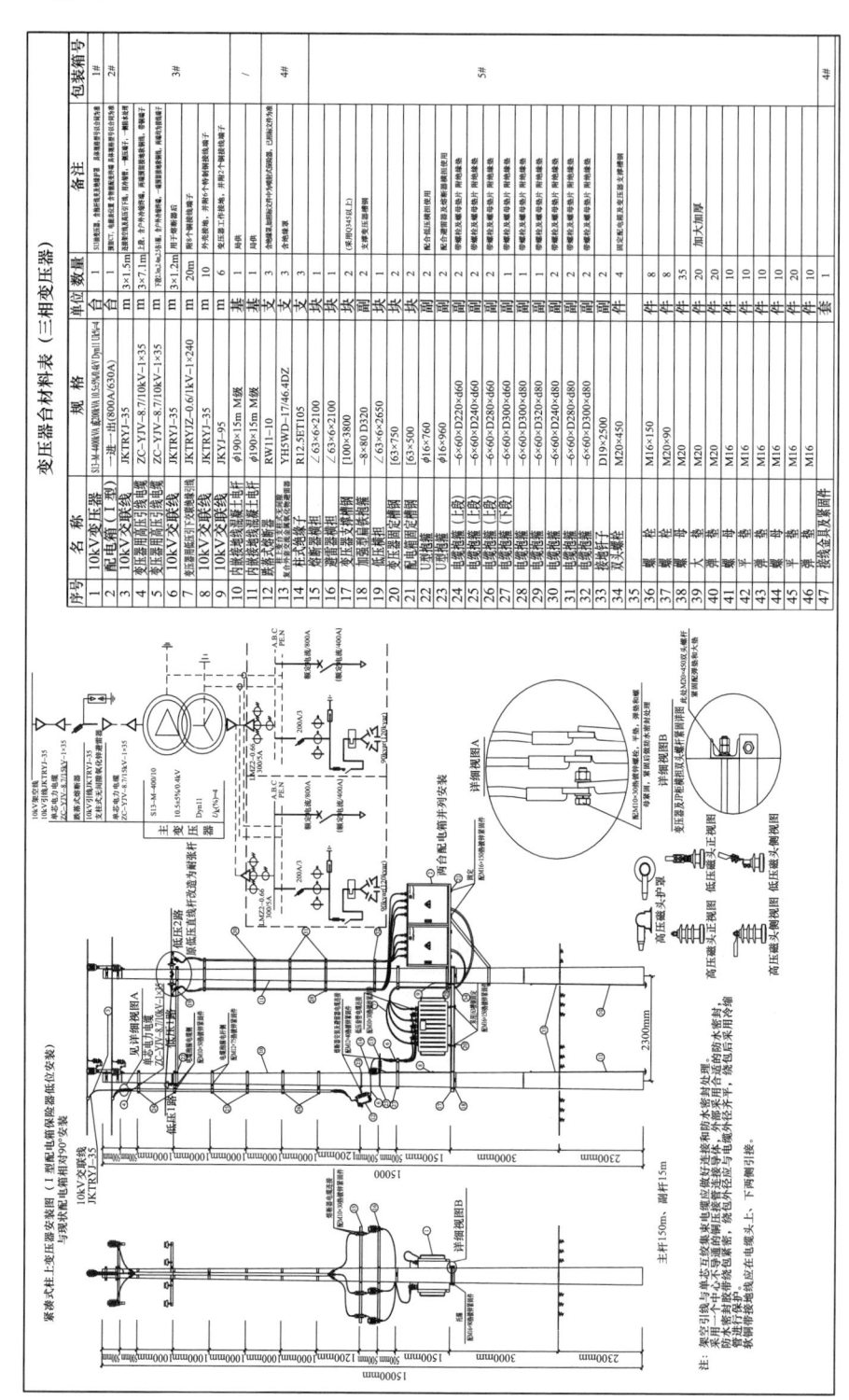

序号	名称	规格	单位	数量	备注	包装箱号
1	10kV 变压器	S13-M-400kVA 箱顶钦出长气起动 AV Dyn11 Ukg=4	台	1	SI1继电保护，右如不汇入水池污污等 具体数据见各自的合同要求	1#
2	配电箱（I型）	一进一出(800A/630A)	台	1		2#
3	10kV 交联线	JKTRYJ-35	m	3×1.5m	圈固定，在端部以前压下线，一般以来有一都以水位保子	
4	变压器用10kV引线电缆	ZC-YJV-8.7/10kV-1×35	m	3×7.1m	上段。非产外预焊线，具体施工段度，高端根据现场调整	3#
5	变压器用低压引线电缆	ZC-YJV-8.7/10kV-1×35	m	3米2m上段。非产外预焊线，一端铜端接线鼻子	
6	10kV 交联线	JKTRYJ-35	m	3×1.2m	用于铜端接线鼻子	
7	变压器应用于安装铜接线鼻	JKTRYJZ-0.6/1kV-1×240	m	20m		
8	10kV 交联线	JKTRYJ-35	根	1	外壳悬挂，并附一个铜制接线端子	
9	10kV 交联线	JKYJ-95	m	6	变压器工作接地，已铜以及为止	
10	内锥绝缘地连上电杆	φ190×15m M级	支	3		4#
11	加厚地连上电杆	φ190×15m M级	支	3	局部	
12	跌落式熔断器	RW11-10	支	3	含绝缘头	
14	避雷器	YH5WD-17/46.4DZ	支	3		
15	杆顶支架子	R12.5ET105	块	1		
17	变压器台固定横担	∠63×6×2100	块	2		
18	加固平台自在横担	[100×3800	块	1	(采用D345以上)	
19	底压横担	-8×80 D320	块	2	支撑变压器横担	
20	变压器固定槽钢	∠63×6×2650	块	2		
21	U型抱箍	[63×750	块	2		5#
22	U型抱箍	[63×500	块	2		
23	U型抱箍	φ16×760	副	2	配台变压器横担并使用	
24	电缆抱箍	φ16×960	副	2	配台避雷器及底压电箱，用地铜垫	
25	电缆抱箍	-6×60×D220×d60	副	2	带螺栓及垫母垫片，用地铜垫	
26	电缆抱箍	-6×60×D240×d60	副	2	带螺栓及垫母垫片，用地铜垫	
27	电缆抱箍	-6×60×D280×d60	副	2	带螺栓及垫母垫片，用地铜垫	
28	电缆抱箍	-6×60×D300×d60	副	1	带螺栓及垫母垫片，用地铜垫	
29	电缆抱箍	-6×60×D300×d80	副	1	带螺栓及垫母垫片，用地铜垫	
30	电缆抱箍	-6×60×D240×d80	副	2	带螺栓及垫母垫片，用地铜垫	
31	电缆抱箍	-6×60×D280×d80	副	2	带螺栓及垫母垫片，用地铜垫	
32	电缆抱箍	-6×60×D300×d80	副	2	带螺栓及垫母垫片，用地铜垫	
33	拉线护干	D19×2500	副	1	固定配电箱及变压器支撑横担	
34	双大螺栓	M20×450	件	4		
35			件			
36	螺栓	M16×150	件	8		4#
37	螺栓	M20×90	件	8		
38	螺母	M20	件	35	加大加厚	
39	垫圈	M20	件	20		
40	螺母	M16	件	20		
41	平垫	M16	件	10		
42	弹垫	M16	件	10		
43	螺母	M16	件	10		
44	垫圈	M16	件	20		
45	平垫	M16	件	10		
46	弹垫	M16	件	10		
47	接线金具及紧固件		套	1		

图 9-6 一进一出双台柱上综合配电箱相对 90°安装

10　10kV架空绝缘导线

10.1　技　术　原　则

10.1.1　概述

（1）按照《配电网规划设计技术导则》（Q/GDW 10738—2020）的要求，出线走廊拥挤、树线矛盾突出、人口密集的 A+、A、B、C 类供电区域宜采用 JKLYJ 系列铝芯交联聚乙烯绝缘架空电缆（以下简称绝缘导线）；出线走廊宽松、安全距离充足的城郊、乡村、牧区等 D、E 类供电区域可采用裸导线。A+~E 类供电区域的划分主要依据行政级别或规划水平年的负荷密度，也可参考经济发达程度、用户重要程度、用电水平、GDP 等因素确定，供电区域划分情况见表 10-1。

表 10-1　供电区域划分情况

供电区域		A+	A	B	C	D	E
行政级别	直辖市	市中心区或 $\sigma \geq 30$	市区或 $15 \leq \sigma < 30$	市区或 $6 \leq \sigma < 15$	城镇或 $1 \leq \sigma < 6$	农村或 $0.1 \leq \sigma < 1$	—
	省会城市、计划单列市	$\sigma \geq 30$	市中心区或 $15 \leq \sigma < 30$	市区或 $6 \leq \sigma < 15$	城镇或 $1 \leq \sigma < 6$	农村或 $0.1 \leq \sigma < 1$	—
	地级市（自治州、盟）	—	$\sigma \geq 15$	市中心区或 $6 \leq \sigma < 15$	市区、城镇或 $1 \leq \sigma < 6$	农村或 $0.1 \leq \sigma < 1$	农牧区
	县（县级市、旗）	—	—	$\sigma \geq 6$	城镇或 $1 \leq \sigma < 6$	农村或 $0.1 \leq \sigma < 1$	农牧区

注：1. σ 为供电区域的负荷密度（MW/km²）。
　　2. 供电区域面积一般不小于 5km²。
　　3. 计算负荷密度时，应扣除 110（66）kV 专线负荷，以及高山、戈壁、荒漠、水域、森林等无效供电面积。

（2）10kV 架空配电线路根据不同的供电负荷需求可以采用 95、240mm² 等多种截面的导线。

（3）按照 Q/GDW 10738—2020 的要求，根据各类供电区域变电站主变压器容量、10kV 出线间隔数量，确定 10kV 架空主干线及分支线的截面。主变压器容量与 10kV 出线间隔及线路导线截面配合推荐见表 10-2。

表 10-2 主变压器容量与 10kV 出线间隔及线路导线截面配合推荐

35~110kV 主变压器容量（MVA）	10kV 出线间隔数	10kV 架空主干线截面（mm²）	10kV 架空分支线截面（mm²）
63	12 及以上	240、185	150、120
50、40	8~14	240、185、150	150、120、95
31.5	8~12	185、150	120、95
20	6~8	150、120	95、70
12.5、10、6.3	4~8	150、120、95	95、70、50
3.15、2	4~8	95、70	50

10.1.2 导线型号选取原则

（1）同杆架设的 380/220V 架空线路根据不同的供电负荷需求可以采用 70、95、120、150、185、240mm² 等多种截面的导线。

（2）各地在使用时应考虑供电区域性质，结合各地需要选择 2~3 种常用截面的导线，可使杆型选择、施工备料、运行维护得以简化。

（3）导线的适用档距是指导线允许使用到的最大档距（即工程中相邻杆塔的最大间距）。城镇地区 40~60m；空旷地区 50~60m。

（4）市区、林区、人群密集区域，宜采用 JKLYJ/QN 型 10kV 耐候铝芯轻型交联聚乙烯绝缘导线。

（5）架空线路出站 2km 范围内宜采用绝缘导线，并采取防止雷击断线措施，以减少变电站近区故障发生几率。

（6）山区、河湖等区域较大跨越线路可采用 JL/G1A 钢芯铝绞线，跨越走廊狭窄或周边环境对安全运行影响较大区域可采用 JKLGYJ/QN 绝缘钢芯铝绞线。

（7）10kV 系统中性点经低电阻接地地区的架空线路应采用绝缘导线。

（8）典型设计导线安全系数采用 3.0。

（9）大档距、山区、河湖、微气象区域线路应重新校验使用。

10.1.3 绝缘导线参数

（1）裸导线参数根据《圆线同心绞架空导线》（GB/T 1179—2017）中附录 E 国内常用规格的导线尺寸及导线性能表选取。

（2）10kV 绝缘导线及同杆架设的 380/220V 绝缘导线参数分别根据《额定电压 10kV 架空绝缘电缆》（GB/T 14049—2008）及《额定电压 1kV 及以下架空绝缘电缆》（GB/T 12527—2008）选取，标准中对绝缘导线的导体中最小单线根数、绝缘厚度、导线拉断力均有明确规定，但导线的外径、质量和计算截面在标准中尚无明确的规定。典型设计在对国内多家绝缘导线厂家调研的基础上，选取绝缘导线外径、质量、计算截面较大者作为推荐的计算参数，以确保设计的安全裕度。

（3）10kV 绝缘导线的绝缘层均采用普通绝缘厚度，为 2.5mm。

（4）10kV 绝缘导线参数见表 10-3。

表 10-3　10kV 绝缘导线参数

型　号	JKLYJ/QN-70	JKLYJ/QN-95	JKLYJ/QN-120	JKLYJ/QN-150	JKLYJ/QN-185	JKLYJ/QN-240
构造（铝）（根数×直径）/mm	19×2.25	19×2.58	19×2.90	37×2.32	37×2.58	37×2.90
绝缘厚度（铝）/mm	2.5	2.5	2.5	2.5	2.5	2.5

续表

型　号	JKLYJ/QN-70	JKLYJ/QN-95	JKLYJ/QN-120	JKLYJ/QN-150	JKLYJ/QN-185	JKLYJ/QN-240
截面积（铝）/mm²	75.55	99.33	125.5	156.41	193.43	244.39
外径/mm	18.4	20	21.4	23	24.6	26.8
单位质量（kg/km）	369	466	550	652	769	948
综合弹性系数/MPa	56000	56000	56000	56000	56000	56000
线膨胀系数/（1/℃）	0.000023	0.000023	0.000023	0.000023	0.000023	0.000023
计算拉断力/N	10354	13727	17339	21033	26732	34679

（5）绝缘导线截面如图 10-1 所示。

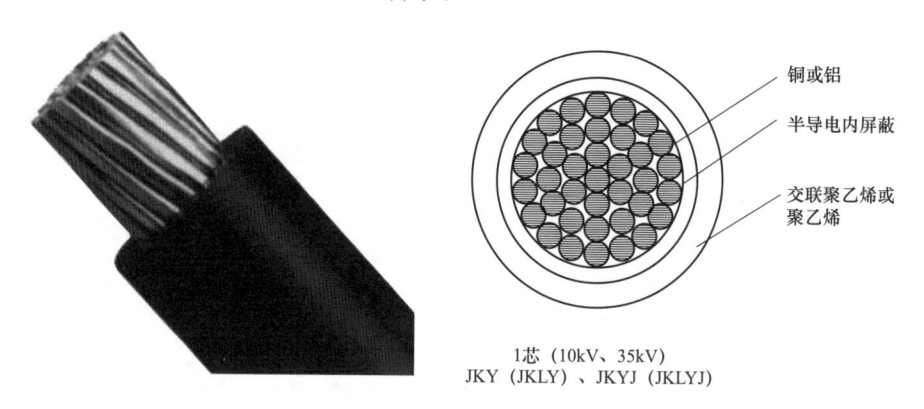

图 10-1　绝缘导线截面

10.1.4　10kV 架空绝缘导线的应用

（1）绝缘架空配电网绝缘化是大幅度降低由于外力原因造成线路短路并引起单相接地、断线的有效措施。同时城区架空配电网的绝缘化率是创建国际一流供电企业的必备条件之一。

（2）架空线与建筑物的距离不能满足规程规范要求的地区。

（3）高层建筑群地区、人口密集、繁华地区、绿化地区及林带，在城市建筑密集地区解决了变电站出线由于空间走廊狭窄架设架空配电线路的困难。

（4）污秽严重地区。架空绝缘导线与架空裸导线相比，体现了较多的优势。

10.1.5　10kV架空绝缘导线的优点

（1）绝缘导线事故率明显减少，减少了触电伤亡事故和相间、单相接地短路故障事故。

（2）绝缘导线改善了树线矛盾，大量树木不必修剪砍伐。

（3）绝缘导线架设空间缩小，释放了供电能力，同杆可多回路架设，降低了造价。

（4）绝缘导线架设方便、灵活性高，并可带电作业。

（5）绝缘导线减少停电事故，保证了对用户的正常供电，提高了供电可靠率。

10.2　利库技术方案

（1）架空绝缘导线相同截面，根据现场工程采用耐张端形式或跨厂家拼接使用。

（2）架空绝缘导线截面"以大代小"，根据现有的安装条件提供相应的替代明细。满足设计型号、性能参数、替代原有设计、实地踏勘适用现场场景等。

（3）绝缘导线载流量接近或大于设计载流量，可替代原设计型号，通过变更设计代用即降低了库存积压，又加快了工程进度，取得双赢效果。

（4）架空绝缘导线用于事故现场抢修（盘长小于300m但大于50m），采用压接或耐张端方式，现场紧急处理故障。

（5）架空绝缘导线跨电压等级的替代使用，满足载流量的时，可使用与低压架空导线或沿墙穿管敷设形式。

11　10kV　电　缆

11.1　技　术　原　则

11.1.1　概述

随着电力科技的进步与发展，电力电缆在电力系统中的应用越来越广泛。电力电缆的大量应用，不但提高了供电可靠性，而且美化了市容。北京市区内电缆以 YJY$_{22}$ 系列交联聚乙烯绝缘铜芯电力电缆为主，该电缆工艺结构合理、绝缘性能好、电气性能优良、敷设安装方便、运行维护简单、允许工作温度高（可达 90℃）、有较好的机械强度（含铠装）。

11.1.2　路径敷设要求

电缆在任何敷设方式及其全部路径条件的上下左右改变部位，均应满足电缆允许弯曲半径的要求。电缆允许最小弯曲半径应为 15 倍的电缆外径。

11.1.3　电缆选择原则

（1）电力电缆选用应满足负荷要求、热稳定校验、敷设条件、安装条件、对电缆本体的要求、运输条件等。

（2）电力电缆采用交联聚乙烯绝缘电缆。

（3）电缆截面的选择。选择电缆截面，应在电缆额定载流量的基础上，考虑环境温度、并行敷设、热阻系数、埋设深度等因素后选择。

11.1.4　电缆型号及使用范围

10kV 电力电缆线路一般选用三芯电缆，电缆型号、名称及其适用范围见表 11-1。

表 11-1　电缆型号、名称及其适用范围

型号 铜芯	名　称	适　用　范　围
ZC-YJY	阻燃C级交联聚乙烯绝缘聚乙烯内护套电力电缆	敷设在室内外，隧道内须固定在支架上，排管中，不能承受拉力与压力
ZC-YJY$_{22}$	阻燃C级交联聚乙烯绝缘钢带铠装聚乙烯内护套电力电缆	可用于土壤直埋敷设，能承受机械外力作用，但不能承受大的拉力
ZC-YJY$_{32}$	阻燃C级交联聚乙烯绝缘细钢丝铠装聚乙烯内护套电力电缆	敷设于水中或是高落差土壤中，能承受相当的拉力

11.1.5　电缆绝缘屏蔽、金属护套、铠装、外护套选择

电缆绝缘屏蔽、金属护套、铠装、外护套宜按表 11-2 选择。

表 11-2　电缆绝缘屏蔽、金属护套、铠装、外护套选择

敷设方式	绝缘屏蔽或金属护套	加强层或铠装	外护层
直埋	铜带或软铜线	铠装（3芯）	聚氯乙烯
排管、隧道、工作井、桥架等	铜带或软铜线	铠装（3芯）	

（1）在保护管中的电缆，应具有挤塑外护层。

（2）在电缆夹层、电缆沟、电缆隧道等防火要求高的场所宜采用阻燃外护层，根据防火要求选择相应的阻燃等级。

（3）有白蚁危害的场所应采用金属铠装，或在非金属外护套外采用防白蚁护层。

（4）有鼠害的场所宜采用金属铠装，或采用硬质护层。

（5）有化学溶液污染的场所应按其化学成分采用相应材质的外护层。

11.1.6　电缆截面选择

（1）导体最高允许温度见表 11-3。

表 11-3　导体最高允许温度

绝缘类型	最高允许温度/℃	
	持续工作	短路暂态
交联聚乙烯	90	250

（2）电缆导体最小截面的选择，应同时满足规划载流量和通过可能的最大短路电流时热稳定的要求。

（3）连接回路在最大工作电流作用下的电压降，不得超过该回路允许值。

（4）电缆导体截面的选择应结合敷设环境来考虑，10kV 常用电缆可根据 10kV 三芯交联电缆载流量（见表 11-4）和 10kV 单芯交联电缆载流量（见表 11-5），结合考虑不同环境温度、不同管材热阻系数、不同土壤热阻系数及多根电缆并行敷设时等各种载流量校正系数来综合计算。

表 11-4　10kV 三芯交联电缆载流量

10kV 三芯交联电缆载流量		电缆允许持续载流量/A			
绝缘类型		交联聚乙烯			
钢铠护套		无		有	
缆芯最高工作温度/℃		90			
敷设方式		空气中	直埋	空气中	直埋
缆芯截面 /mm²	95	283	235	276	235
	120	324	264	317	264
	150	365	288	359	283
	185	418	325	413	319
	240	488	377	481	377
	300	559	428	552	423
	400	653	488	646	482
环境温度/℃		40	25	40	25
土壤热阻系数/(℃·m/W)		—	2.0	—	2.0

表 11-5　10kV 单芯交联电缆载流量（适用于单独敷设的单芯电缆）

10kV 单芯交联电缆载流量		电缆允许持续载流量/A				
绝缘类型		交联聚乙烯				
钢铠护套		无				
缆芯最高工作温度/℃		90				
敷设方式		空气中	土壤中			
缆芯截面 /mm²	95	315	315	265	245	215
	120	360	360	300	275	245
	150	410	405	335	310	275
	185	470	455	380	350	310
	240	555	530	440	405	360
	300	640	595	495	455	405
	400	745	680	560	515	460
环境温度/℃		40	25	25	25	25
土壤热阻系数/（℃·m/W）		—	1.0	2.5	3.0	3.5

（5）多根电缆并联时，各电缆应等长，并采用相同材质、相同截面的导体。

（6）缆芯工作温度大于 70℃时，计算持续允许载流量时，应符合下列规定。

1）数量较多的该类电缆敷设于未装机械通风的隧道、竖井时，应计入对环境温升的影响。

2）电缆直埋敷设在干燥或潮湿土壤中，除实施换土处理能避免水分迁移的情况外，土壤热阻系数取值不小于 2.0K·m/W。

11.1.7　电缆附件选择

（1）电缆附件的每一导体与绝缘屏蔽层或金属护套之间的额定工频电压（U_0）、任何两相线之间的额定工频电压（U）、任何两相线之间的运行最高电压（U_m），以及每一导体与绝缘屏蔽层或金属护套之间的基准绝缘水平（BIL）应满足表 11-6 中的要求。

表 11-6　电缆附件耐压要求

系统中性点	非有效接地	有效接地
	10kV	
U_0/U/kV	8.7/15	8.7/15
U_m/kV	17.5	17.5
BIL/kV	95	95
外护套冲击耐压/kV	20	20

（2）敞开式电缆终端的外绝缘必须满足所设置环境条件的要求，并有一个合适的泄漏比距。在一般环境条件下，外绝缘的爬距在污秽等级最高情况下采用 400mm，户内采用 300mm，并不低于架空线路绝缘子 400mm 的爬距。

（3）电缆终端的选择。外露于空气中的电缆终端装置类型应按下列条件选择。

1）不受阳光直接照射和雨淋的室内环境应选用户内终端。

2）受阳光直接照射和雨淋的室外环境应选用户外终端。

3）对电缆终端有特殊要求的，选用专用的电缆终端。目前最常用的终端类型有冷缩型，在使用上根据安装位置、现场环境等因素进行相应选择。

（4）电缆中间接头的选择。三芯电缆中间接头应选用直通接头，目前最常用的有冷缩型。

11.2　利库技术方案

利库前须先确保 10kV 电缆状态可用。10kV 电缆盘长小于 50m 时可直接报废，盘长为 50~300m 时可用于抢修运维，盘长大于 300m 时可用于正常的配网工程。截面大小可采用"以大带小"原则，规格型号可采用"以高带低"原则。

（1）10kV 电缆利库时可跨厂家拼接使用，但规格型号截面大小须确保一致。

（2）10kV 电缆利库时截面大小可采用"以大带小"原则，但截面替代大小不宜跨越过多等级，尽量采用相邻等级截面进行替代，400mm^2 截面电缆进行替代时在穿管敷设时须注意所穿管径是否满足要求。

（3）10kV 电缆利库时规格型号可采用"以高带低"原则，即：①阻燃 A 级可替代阻燃 C 级，阻燃 C 级不可替代阻燃 A 级；②有阻水特性的可替代无阻水特性的，无阻水特性的不可替代有阻水特性的；③有铠装的与无铠装的不可互相替代，如需替代须由设计单位根据实际工程现场情况进行复核。

12　1kV　电　缆

12.1　技　术　原　则

12.1.1　概述

随着电力科技的进步与发展，电力电缆在电力系统中的应用越来越广泛。电力电缆的大量应用，不但提高了供电可靠性，而且美化了市容。北京市区内电缆以 YJY$_{22}$ 系列交联聚乙烯绝缘铜芯电力电缆为主，该电缆工艺结构合理、绝缘性能好、电气性能优良、敷设安装方便、运行维护简单、允许工作温度高（可达 90℃）、有较好的机械强度（含铠装）。

12.1.2　运行条件选择

1kV 电缆的运行条件选择见表 12-1。

表 12-1　1kV 电缆的运行条件选择

三相四线或三相三线系统的标称电压/V	220/380
允许电压偏差	单相+7%～-10%，三相±7%
系统频率/Hz	50
系统接地方式	TN—C—S 或 TN—S

12.1.3　路径敷设要求

电缆在任何敷设方式及其全部路径条件的上下左右改变部位，均应满足电缆允许弯曲半径的要求。电缆允许最小弯曲半径应为 15 倍的电缆外径。

12.1.4 电缆选择原则

（1）电力电缆选用应满足负荷要求、热稳定校验、敷设条件、安装条件、对电缆本体的要求、运输条件等。

（2）电力电缆通常情况下采用交联聚乙烯，应具有挤塑外护套。

（3）电缆截面的选择。选择电缆截面应在电缆额定载流量的基础上，考虑环境温度、并行敷设、热阻系数、埋设深度等因素后选择。

12.1.5 电缆型号及使用范围

1kV 及以下电力电缆线路宜采用 TN—S 及 TN—C—S 系统，电缆选择应满足现行国家相关规范，电缆型号、名称及其适用范围见表 12-2。

表 12-2　电缆型号、名称及其适用范围

型号 铜芯	名　　称	适　用　范　围
ZC-YJY	阻燃 C 级交联聚乙烯绝缘聚乙烯内护套电力电缆	敷设在室内外，隧道内须固定在支架上，排管中，不能承受拉力与压力
ZC-YJY$_{22}$	阻燃 C 级交联聚乙烯绝缘钢带铠装聚乙烯内护套电力电缆	可用于土壤直埋敷设，能承受机械外力作用，但不能承受大的拉力

12.1.6 电缆铠装、外护套选择

电缆铠装、外护套宜按表 12-3 选择。

表 12-3　电缆铠装、外护套选择

敷设方式	加强层或铠装	外护层
直埋	铠装（4芯）	聚氯乙烯
排管、隧道、工作井、桥架、地槽等	铠装（4芯）	

（1）在保护管中的电缆，应具有挤塑外护层。

（2）在电缆夹层、电缆隧道等防火要求高的场所宜采用阻燃耐火外护层，

并根据防火要求选择相应的阻燃及耐火等级。

（3）有白蚁危害的场所应采用金属铠装，或在非金属外护套外采用防白蚁护层。

（4）有鼠害的场所宜采用金属铠装，或采用硬质护层。

（5）有化学溶液污染的场所应按其化学成分采用相应材质的外护层。

12.1.7 电缆截面选择

（1）导体最高允许温度见表 12-4。

表 12-4 导体最高允许温度

绝缘类型	最高允许温度/℃	
	持续工作	短路暂态
交联聚乙烯	90	250

（2）电缆导体最小截面的选择，应同时满足规划载流量和通过可能的最大短路电流时热稳定的要求。

（3）连接回路在最大工作电流作用下的电压降，不得超过该回路允许值。

（4）电缆导体截面的选择应结合敷设环境来考虑，1kV 及以下常用电缆可参考表 12-5 中相应环境下导体载流量，并结合考虑不同环境温度、不同管材热阻系数、不同土壤热阻系数及多根电缆并行敷设时等各种载流量校正系数来综合计算。

表 12-5 1kV 交联电缆参考载流量

1kV 交联电缆载流量		电缆允许持续载流量/A			
绝缘类型		交联聚乙烯			
缆芯最高工作温度/℃		90			
电缆导体材质		铝		铜	
敷设方式		空气中	直埋	空气中	直埋
缆芯截面 /mm²	25	91	91	118	117
	35	114	113	150	143

续表

敷设方式		空气中	直埋	空气中	直埋
缆芯截面 /mm²	50	146	134	182	169
	70	178	165	228	208
	95	214	195	273	247
	120	246	221	314	282
	150	278	247	360	321
	185	319	278	410	356
	240	378	321	483	408
环境温度/℃		40	25	40	25
土壤热阻系数/（℃·m/W）		—	2.0	—	2.0

（5）多根电缆并联时，各电缆应等长，并采用相同材质、相同截面的导体。

（6）缆芯工作温度大于90℃时，计算持续允许载流量时，应符合下列规定。

1）数量较多的该类电缆敷设于未装机械通风的隧道、竖井时，应计入对环境温升的影响。

2）电缆直埋敷设在干燥或潮湿土壤中，除实施换土处理能避免水分迁移的情况外，土壤热阻系数取值不小于2.0K·m/W。

（7）对于1000m＜海拔高度≤4000m的高海拔地区，每增高100m，气压约降低0.8~1kPa，应充分考虑海拔高度对电缆允许载流量的影响，建议结合实际条件进行相应折算。

12.1.8 电缆附件选择

（1）电缆附件的每一导体与金属护套之间的额定工频电压（U_0）、任何两相线之间的额定工频电压（U）、任何两相线之间的运行最高电压（U_m）应满足表12-6中的要求。

表 12-6　电缆附件耐压要求

系统中性点	直接接地
	220/380V
$U_0/U/\text{kV}$	0.6/1
U_m/kV	1.2
电缆额定电压/kV	0.6/1

（2）电缆终端的选择。目前最常用的终端类型有冷缩型与热缩型，在使用上可根据安装位置、现场环境等因素进行相应选择。外露于空气中的电缆终端装置类型应按下列条件选择。

1）不受阳光直接照射和雨淋的室内环境应选用户内终端。

2）受阳光直接照射和雨淋的室外环境应选用户外终端。

3）对电缆终端有特殊要求的，选用专用的电缆终端。

（3）电缆中间接头的选择。新建 1kV 电缆线路不应设置中间接头。

12.2　利库技术方案

利库前须先确保 1kV 电缆状态可用。1kV 电缆盘长小于 50m 时可直接报废，盘长为 50~300m 时可用于抢修运维，盘长大于 300m 时可用于正常的配网工程。截面大小可采用"以大带小"原则，电缆线芯可采用"以多带少"原则，规格型号可采用"以高带低"原则。

（1）1kV 电缆利库时可跨厂家拼接使用，但规格型号截面大小电缆线芯须确保一致。

（2）1kV 电缆利库时截面大小可采用"以大带小"原则，但截面替代大小不宜跨越过多等级，尽量采用相邻等级截面进行替代。

（3）1kV 电缆利库时电缆线芯可采用"以多带少"原则，即 4×240mm^2+1×120mm^2 截面电缆可替代 4×240mm^2 截面电缆。

（4）1kV 电缆利库时规格型号可采用"以高带低"原则，即：①阻燃 A 级可替代阻燃 C 级，阻燃 C 级不可替代阻燃 A 级；②有铠装的与无铠装的不可互相替代，如需替代须由设计单位根据实际工程现场情况进行复核。

13 电缆保护管

13.1 技术原则

13.1.1 概述

随着城市的发展和工业的增长，电缆线路日益密集，直埋电缆敷设方式逐渐被排管敷设方式取代。排管敷设一般适用于：①地下管网密集的城市道路；②城镇人行道施工不便且电缆分期敷设地段；③规划或新建道路地段；④易受外力破坏区域；⑤电缆与公路、铁路等交叉处；⑥城市道路狭窄且交通繁忙地段；⑦广场区域及小区内电缆条数较多、敷设距离长等地段。

电缆排管敷设的优点是受外力破坏影响少，占地小，能承受较大的荷重，电缆敷设无相互影响，电缆施工简单；其缺点是土建成本高，不能直接转弯，散热条件差。

13.1.2 技术要求

管道的作用有二：①电缆穿入其中后受到保护；②在发生故障后便于将电缆拉出更换。根据电缆线路敷设路径的要求及所敷设地段情况不同，可分为开挖排管方式与非开挖拉管方式两种铺设施工方式。

开挖排管用管道主要的材料有玻璃钢纤维电缆保护管、氯化聚氯乙烯电缆导管（CPVC）、硬聚氯乙烯塑料电缆导管（UPVC）、改性聚丙烯塑料电缆导管（MPP）、增强改性聚丙烯波纹管（PP）、海泡石纤维水泥电缆导管及热浸塑钢管（N-HAP）等；非开挖拉管用管道主要的材料为改性聚丙烯塑料电缆导管（MPP）。

考虑排管壁厚不同，保证管间距不小于20mm进行布置，应用于实际工程时应明确外部荷载、管材材质、内外径几何参数、环刚度等力学性能。

排管的内径按不小于1.5倍的电缆外径的规定来选择，开挖排管中排管应呈直线，承插良好，并要密封；非开挖拉管敷设采用圆形单孔管材，管材间的连接采用热熔焊，管材内壁应光滑，无凸起的毛刺。

13.2 利库技术方案

利库前须先确保电缆保护管状态可用，所用的管材均须满足 DL/T 802.1～DL/T 802.7 系列标准或国家标准的要求。

（1）当采用开挖排管铺设施工方式时，管道材质替代原则如下。

1）热浸塑钢管（N-HAP）可替代所有管材。

2）除热浸塑钢管（N-HAP）外其他管材可相互替代，但须采用混凝土包封处理措施。具体埋管断面图如图 13-1 和图 13-2 所示。

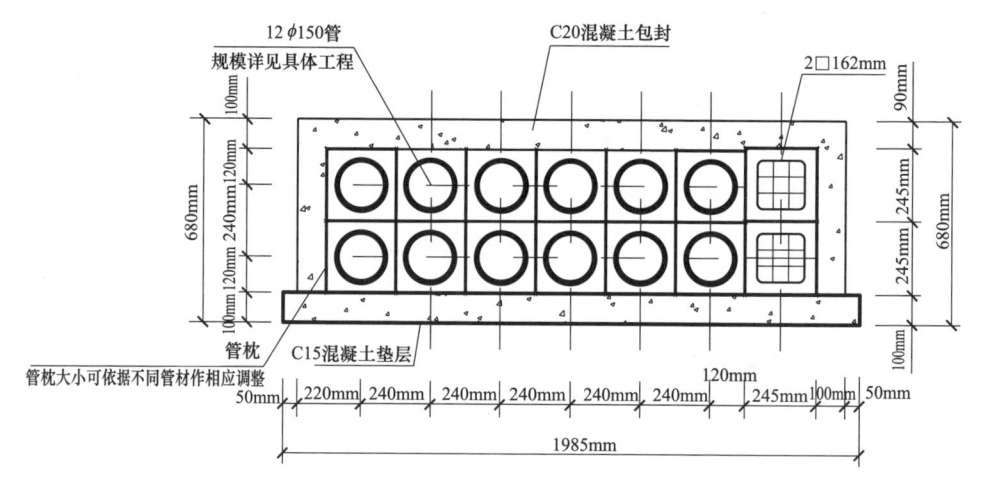

图 13-1　ϕ150mm+2 孔（□162mm 二次用）埋管断面图

3）除热浸塑钢管（N-HAP）外其他管材均不宜替代热浸塑钢管（N-HAP），如需替代须由设计单位根据实际工程现场情况进行校验，明确外部荷载、管材材质、内外径几何参数、环刚度等力学性能，按导管埋设深度处受力校验导管的力学性能，当不能满足要求时可采用现浇混凝土包封内加钢筋的处理措施。

4）如管材替代为海泡石纤维水泥电缆导管时须采用现浇混凝土包封内加钢筋的处理措施，其断面图如图 13-3 所示。

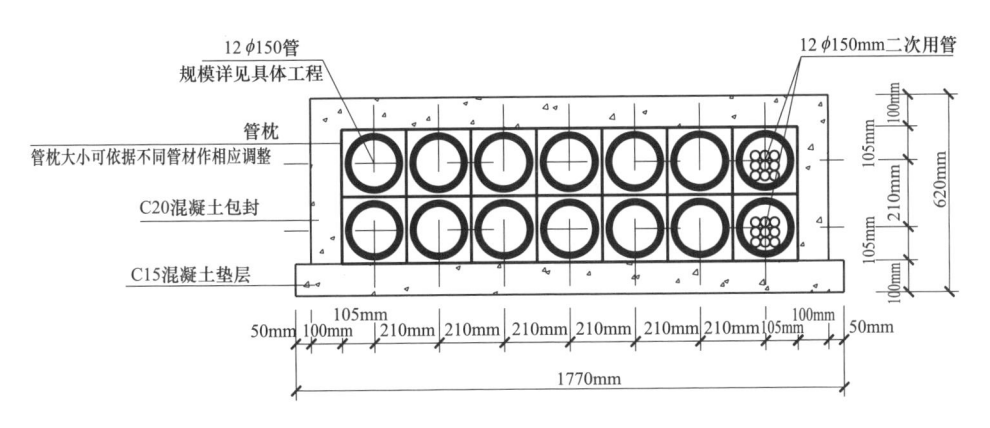

图 13-2　φ150mm+2 孔（φ150mm 二次用）埋管断面图

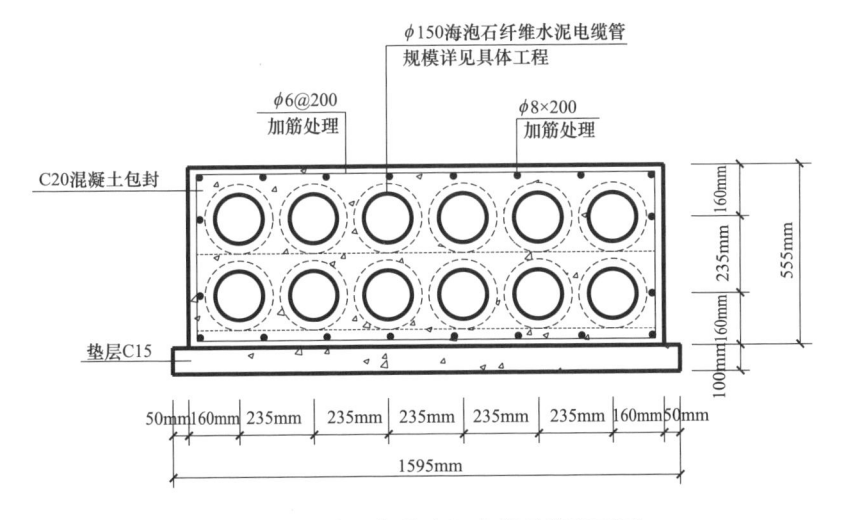

图 13-3　海泡石纤维水泥电缆导管断面图

（2）当采用非开挖拉管铺设施工方式时，管道材质替代原则为只能采用改性聚丙烯塑料电缆导管（MPP）这一种管材。

14 光缆和光通信设备

14.1 技术原则

14.1.1 光纤带光缆

（1）沿 10kV 架空线路架设的光缆选择普通光缆；沿电力隧道、管井敷设的光缆应选用非金属管道阻燃光缆。

（2）光纤芯型选用符合 ITU-T G.652、ITU-T G.655 要求的单模光纤。通信接入网光缆以 48 芯为主，纤芯使用率较高的区段可适当增加光缆芯数。

14.1.2 光通信设备

配电网光纤通信方式主要有无源光网络（Passive Optical Network，PON）和工业以太网技术，可组建树形、环形等网络。

以太网无源光网络（Ethernet Passive Optical Network，EPON）技术是一种采用点到多点（P2MP）结构的单纤双向传输的光纤通信技术，光的传输及分配不需要电源其二层采用 802.3 以太网帧来承载业务，主要包含光线路终端（OLT）、光网络单元（ONU）、分光器设备。

工业以太网是专为工业应用环境设计的标准以太网。在技术上与商用以太网（即 IEEE802.3 标准）兼容，在材质的选用、产品的强度、适用性以及实时性、可互操作性、可靠性、抗干扰性甚至本质安全等方面能满足工业现场的需要，组网方式灵活，可组成环网，形成自愈。工业以太网能更好地满足配电网复杂的网络结构，提高网络的可靠性，其主要设备是工业以太网交换机。

（1）通信业务应满足信息安全的相关要求，安全分区为Ⅰ、Ⅱ区的生产控制类业务与安全分区为Ⅲ、Ⅳ区的管理信息类业务应分别由不同的设备承载，通道实现物理隔离。

（2）配电网通信以光纤通信方式为主，无线公网可作为辅助方式。变电站至末端业务节点光缆长度不超过 20km 的线路，采用 EPON 技术；变电站至末端业务节点光缆长度超过 20km 的线路，采用工业以太网技术。

（3）对于一次网架结构为环网或放射网的配电网，配电光纤通信网宜主要采用总线型、手拉手型拓扑结构的 EPON 系统；对于一次网架结构为多分段多联络的配电网，配电光纤通信网宜主要采用树型、星型拓扑结构的 EPON 系统。

（4）采用 EPON 技术组网，宜选用星形、链形等接入形式灵活组网，分光器级联数目不宜太多，设计时应考虑光功率裕度，采用星形组网方式时分光级数一般不宜超过 3 级，采用链形组网方式时分光级数一般不宜超过 10 级。

（5）对于业务承载可靠性水平要求高，网架结构易于成环的开关站等，配电光纤通信网可采用环模式的工业以太网系统。

（6）采用工业交换机组网，宜采用环形、链形等接入形式灵活组网，采用环形组网时，主环网节点数量一般不宜超过 20 个。

（7）配电光纤通信网应实行集中管理、分级监控，实现对通信设备、通信通道的统一监控和资源调配，宜具备光链路测量和诊断功能。

（8）变电站侧汇聚节点设备配置见表 14-1，终端侧接入网设备配置见表 14-2。

表 14-1　汇聚节点设备配置（变电站侧）

序号	名称	单位	数量	备　　注
一	OLT 设备	套	1	
1	主子框	套	1	
2	公共单元板卡	套	1	主控板、电源板 1+1 配置
3	业务接口板卡	套	1	
3.1	上联接口板	块	2	端口速率：100M/1000M 自适应； 端口类型：RJ-45 电接口； 注：独立配置，不与 PON 接口板、主控板混插

续表

序号	名称	单位	数量	备注
3.2	PON 接口板	套	1	端口密度：8/16；PON 口/板
3.3	GE 光/电接口模块	个	8	电模块-SFP-GE-（RJ45）
3.4	PON 光接口模块	个	96	SFP 千兆光模块-［1490nm（Transmit）/1310nm（Receive），20km，SC/PC］
4	风扇	个	1	
二	工业交换机技术			
1	以太网交换机设备	套	1	端口集成度不少于 16 个 100 1000Mbit/s 电口、不少于 8 个 100/1000Mbit/s 光口

表 14-2　接入网设备配置（终端侧）

序号	名称	单位	数量	备注
一	EPON 技术			
1	ONU 设备	套	1	交流/直流电源输入；PON 口：2 个；FE 接口：4 个；RS-485 接口：4 个
2	分光器设备	套	2	1 分 2；（10%:90%非均分）；上/下行采用 SC 接口
3	分光器设备	套	2	1 分 4 均分；上/下行采用 SC 接口
4	分光器设备	套	2	1 分 8 均分；上/下行采用 SC 接口
二	工业交换机技术			
1	工业以太网交换机	套	1	端口集成度不少于 16 个 100/1000Mbit/s 电口、不少于 8 个 100/1000Mbit/s 光口
2	工业以太网交换机	套	1	端口集成度不少于 24 个 100/1000Mbit/s 电口、不少于 4 个 100/1000Mbit/s 光口

14.2 利库技术方案

14.2.1 光纤带光缆

利库需要把架空普通光缆当作非金属管道光缆使用,光纤芯型和光缆芯数一致,两种光缆区别在于外护套阻燃性和中心加强件不同,见表 14-3。

表 14-3 架空普通光缆与非金属管道光缆区别

型 号	GYDY（架空普通光缆）	GYDFH（非金属管道光缆）
中心加强件	磷化钢丝	非金属纤维杆 FRP
外护套	聚乙烯	低烟无卤阻燃聚烯烃

（1）利库时各厂家产品可以拼接使用,中间增加接头盒,但芯数需一致。

（2）利库光缆宜在管井中敷设,且设计文件中包含阻燃子管工作量,避免因利库而增加工程投资。

（3）由于光缆中含有金属材质,光缆进站后需妥善处理接地。

14.2.2 光通信设备

利库前需明确设计利用 EPON 技术/工业以太网技术进行光纤通道建设。

（1）需整体考虑地区通信接入网厂家及型号,避免厂家及型号种类过多,造成后续备品备件种类过多。

（2）需考虑接入设备上级光接口设备厂家兼容性。

（3）需根据具体配置站点类型,选择设备电源采用 DC24V/DC110V/AC220 等,或通过增加电源变换模块进行电源转换。

15 镀锌钢绞线

15.1 技术原则

10kV 电杆采用吊线光缆进行敷设的,需同步敷设镀锌钢绞线,型号为 1×7-6.6-1370-B,35。

15.2 利库技术方案

(1)钢绞线使用参照设备管理部门的要求,即盘长低于100m可报废,100~300m用于抢修运维,大于300m可用于配网工程。

(2)新建10kV配电线路架设光缆项目、异地工区/供电所建设改造项目等。

下篇

主网设备材料

电力主网工程中，常用物资包括导线、地线（光缆）、铁塔、钢管杆、低压电缆（包含交流避雷器、支柱绝缘子）、高压电缆、控制电缆等。

受工程变更、技术升级、技术要求改变等原因的影响，工程竣工后，都会产生剩余物资。为了及时消纳这些剩余物资进行，公司相关部门和单位都应积极开展相关工作，促进剩余物资的消纳。

16 铁　　塔

16.1 技　术　原　则

16.1.1 铁塔型式分类

铁塔是高压输电线路上最常用的支持物，国内外大多采用热轧等肢角钢制造、螺栓组装的空间桁架结构，也有少数工程采用冷弯型钢、钢管或钢管混凝土结构。随着电网输电技术的发展，输电线路杆塔的类型不断增多，其分类方式如下。

（1）按照受力性质，可分为悬垂型杆塔和耐张型杆塔两类。其中悬垂型塔可分为悬垂直线和悬垂转角塔；耐张型塔可分为耐张直线、耐张转角及终端塔。

（2）按照电气特性，可分为交流、直流及交流紧凑型 3 类。交流属于三相供电；直流属于两极供电，塔头按正、负两极呈两极布置；交流紧凑型则将交流三相呈倒三角排列，缩小相间距离，以降低传输阻抗。

（3）按照回路数，可分为单回路、双回路及多回路 3 类。单回路塔导线既可水平排列，也可三角排列或垂直排列；双回路和多回路塔导线可按垂直排列，必要时可考虑水平和垂直组合方式排列。

（4）按照使用材质，主要可分为自立式角钢塔、钢管塔、拉线塔，以及横担由钢索构成的悬索型拉线塔（简称悬索塔）。近年来，随着材料技术的不断发展，又陆续出现了复合材料杆塔。

（5）按照地形情况，可分为山地塔、平地塔及平丘塔。

16.1.2 铁塔型式选择

杆塔型式主要取决于电压等级、线路回数、地形及使用条件等。在满足上述要求下根据综合技术经济比较，择优选用。在输电线路工程设计中，除导、地线选择外，应着重考虑铁塔型式的选用问题。杆塔型式的选择，一般应考虑以下几个方面。

（1）应进行单回路或同杆塔多回路塔型的选择。随着国民经济的不断发展，采用同杆塔双回（或多回）的输电线路日益增多，尤其是中低压线路则更为突出。输电线路是否采用同杆塔双回（或多回）并架，主要应考虑以下几点。

1）同一电源点至同一负荷点的双回（或多回）输电线路，除特殊或特别重要且供电网络比较薄弱外，一般应考虑同杆塔并架。

2）不同电源点或不同负荷点的线路位于同一走廊，且走廊受限制时，一般也应考虑双回（或多回）同杆塔并架。

3）城区线路，一般均与整个城市的电网规划相协调，为节约用地，一般宜采用双回（或多回）同杆塔并架。

（2）穿越采空区时，为防止不均匀沉降对杆塔的影响，可考虑采用单回路杆塔或单相（极）的分体杆塔。

（3）单回路穿越林区，若采用跨树方案，宜采用导线水平排列的杆塔（如酒杯塔）；若采用砍树方案，则宜采用线间距离较窄的三角排列（如猫头塔）或垂直排列杆塔（如 E 型塔）。

（4）重冰区线路宜采用导线水平对称排列的杆塔。

16.1.3 工程中常用铁塔类型

根据结构型式和受力特点，铁塔可分为拉线塔和自立式塔两大类。

1. 拉线塔

拉线塔是在塔头或塔身上安装对称拉线以稳固支撑杆塔，通常由塔头、主柱和拉线组成。塔头和主柱一般由角钢组成的空间桁架构成，有较好的整体稳定性，能承受较大的轴向压力。拉线一般用高强度钢绞线做成，能承受很大的拉力，因而使拉线塔能充分利用材料的强度特性而减少材料耗用量。

就外形而言，拉线塔可设计成导线呈三角形排列的上字型、猫头型等，以及导线呈水平排列的门型、V 型等。

悬索塔属于非线性大位移软横担结构，在加拿大及南非等国使用较多，我国也曾在 500kV 伊敏—冯屯—大庆工程中进行过设计、试验及试点使用，效果良好，但由于其拉线占地面积大，维护工作繁复，所以未予推广。

2. 自立式塔

自立塔是靠自身的基础来稳固的杆塔。

交流单回路悬垂塔常用的有导线呈三角形排列的上字型、鸟骨型、猫头型和导线呈水平排列的酒杯型、门型两大类。

交流单回路耐张塔主要采用干字型和酒杯型。干字型塔结构简单，传力清晰，且比较经济，是最常用的耐张塔型；酒杯型耐张塔，由于导线呈水平排列，可有效减小导线高度和铁塔全高，目前常用于下穿其他线路。

交流双回路铁塔有鼓型（或称六角型）、倒伞型、正伞型和蝴蝶型等。目前国内大多采用鼓型。蝴蝶型一般多用于大跨越塔。

直流单回路悬垂塔导线通常呈水平排列，常用的塔型有羊角型塔、干字型；局部走廊拥挤地段亦可采用导线呈垂直排列的 F 型塔。直流单回路耐张塔主要采用干字型。亦可将导线和回流线同塔架设。

我国特高压输电领域经过十余年的不断创新发展，并经多个工程的实践应用，逐步积累和完善了特高压交、直流输电铁塔的设计、制造和施工技术。常用的特高压直流极导线通常采用水平排列，接地极线路一般采用单地线。特高压交流单回路悬垂塔通常采用酒杯型，耐张塔采用干字型。特高压交流双回路塔通常采用钢管构件，铁塔结构型式简洁，传力清晰。

16.1.4 铁塔优势介绍

（1）现阶段，输电线路中使用的铁塔为自立式铁塔、空间桁架结构，一般采用热轧等肢角钢制造、螺栓组装，其构件尺寸较短、质量较小，便于运输，在平地和山地均可使用。

（2）铁塔构件加工方便，在国内很多厂家都可以提供供货服务，可以极大满足工程工期需求，同时，也可以满足应急抢修工程的需求。

16.1.5 国家电网模块铁塔

为了规范使用铁塔，国家电网公司组织编写了《国网 110（66）~500kV 输电线路通用设计模块》，各种设计条件的铁塔一应俱全。需要使用铁塔时，只需按照工程技术条件，在其中选择相对应的模块铁塔使用即可，如常用的铁塔模块 5E1、2H2、2E2、1E2、1D2 等。部分模块铁塔设计条件见表 16-1。

表 16-1 部分模块铁塔设计条件

模块编号	子模块编号	回路数	导线	地线	设计风速/(m/s)	覆冰/mm	塔型	地形	海拔/m
5A	5A1	单回路	4×LGJ-400/35	JLB-150	27	10	酒杯/猫头	山区/平地	≤1000
5A	5A2	单回路	4×LGJ-400/35	JLB-150	29	10	酒杯/猫头/干字（兼5A1）	山区/平地	≤1000
5A	5A3	单回路	4×LGJ-400/50	JLB-150	27	15	酒杯/干字	山区/平地	≤1000
5B	5B1	单回路	4×LGJ-630/55	JLB-150	27	10	酒杯/猫头/干字	山区/平地	≤1000
5B	5B2	单回路	4×LGJ-630/55	JLB-150	27	15	酒杯/干字	山区/平地	≤1000
5B	5B3	单回路	4×JL/G1A-630/45	JLB-150	27	15	酒杯/干字	山区/平地	≤1000
5C	5C1	双回路	4×LGJ-400/35	JLB-150	27	10	直线	山区/平地	≤1000
5C	5C2	双回路	4×LGJ-400/35	JLB-150	27	10	直线/耐张	山区	1000~2000
5C	5C3	双回路	4×LGJ-400/35	JLB-150	29	10	直线/耐张（兼5C1）	山区/平地	≤1000

续表

模块编号	子模块编号	回路数	导线	地线	设计风速/（m/s）	覆冰/mm	塔型	地形	海拔/m
5C	5C4	双回路	4×LGJ-400/35	JLB-150	31	10	直线	山区/平地	≤1000
5C	5C5	双回路	4×LGJ-400/35	JLB-150	33	10	直线/耐张（兼5C4）	山区/平地	≤1000
5C	5C6	双回路	4×LGJ-400/50	JLB-150	27	15	直线/耐张	山区/平地	≤1000
5C	5C7	双回路	4×LGJ-400/35	JLB-150	35	0	直线/耐张	山区	≤1000
5D	5D1	双回路	4×LGJ-500/45	JLB-150	27	10	直线/耐张	山区/平地	≤1000
5D	5D2	双回路	4×JL/G1A-500/45	JLB-150	27	15	直线/耐张	山区	2000~3000
5D	5D3	双回路	4×JL/G1A-500/45	JLB-150	27	15	直线/耐张	山区	3000~4000
5E	5E1	双回路	4×LGJ-630/45	JLB-150	27	10	直线	山区/平地	≤1000
5E	5E2	双回路	4×LGJ-630/45	JLB-150	27	10	直线/耐张	山区	1000~2000
5E	5E3	双回路	4×LGJ-630/45	JLB-150	29	10	直线/耐张（兼5E1）	山区/平地	≤1000

续表

模块编号	子模块编号	回路数	导线	地线	设计风速/(m/s)	覆冰/mm	塔型	地形	海拔/m
5E	5E4	双回路	4×LGJ-630/45	JLB-150	31	10	直线	山区/平地	≤1000
5E	5E5	双回路	4×LGJ-630/45	JLB-150	33	10	直线/耐张（兼5E4）	山区/平地	≤1000
5E	5E6	双回路	4×LGJ-630/45	JLB-150	35	0	直线/耐张	山区/平地	≤1000
5E	5E7	双回路	4×LGJ-630/55 兼 44×630/45	JLB-150	27	15	直线/耐张	山区/平地	≤1000
5E	5E8	双回路	4×LGJ-630/55	JLB-150	33	15	直线/耐张	山区	≤1000
5E	5E9	双回路	4×LGJ-630/55	JLB-150	37	10	直线/耐张	山区	≤1000
5E	5E10	双回路	4×JL/G1A-630/45	JLB-150	27	10	直线/耐张	山区	2000~3000
5E	5E11	双回路	4×JL/G1A-630/45	JLB-150	27	10	直线/耐张	山区	3000~4000
5E	5E12	双回路	4×JL/G1A-630/45	JLB-150	27	15	直线/耐张	山区	3000~4000

每个模块又可分为耐张型和直线型。

耐张型塔按照转角度数范围不同，分为1、2、3、4及终端共5个塔型；直线型塔按照最高呼称高，分为1、2、3、K共4个塔型。下面以1E2模块铁塔为例进行说明。

1E2模块铁塔设计条件见表16-2。

表16-2 1E2模块铁塔设计条件

序号	电压等级	塔型	呼称高/m	设计档距 水平	设计档距 垂直	转角度数
1	110kV	1E2-SJ1	15～24	450	700	0°～20°
2		1E2-SJ2	15～24	450	700	20°～40°
3		1E2-SJ3	15～24	450	700	40°～60°
4		1E2-SJ4	15～24	450	700	60°～90°
5		1E2-SDJ1	15～24	450	700	0°～40°
6		1E2-SDJ2	15～24	450	700	40°～90°
7		1E2-SZ1	15～24	350	450	0°
8		1E2-SZ2	15～30	400	600	0°
9		1E2-SZ3	15～36	500	700	0°
10		1E2-SZK	39～51	600	700	0°

1E2为铁塔模块，代表"导线型号为2×LGJ-240/30，安全系数2.5；地线型号为JBL40-100，安全系数3.5；导线覆冰10mm，地线覆冰15mm"。

SJ塔型中的S表示双回路，J表示转角。数字1~4，表示不同的转角范围：1为转角度数范围是0°～20°；2为转角度数范围是20°～40°，3为转角度数范围是40°～60°，4为转角度数范围是60°～90°。

SDJ塔型中的S和J含义同上，D表示终端。数字1~2，表示不同的转角范围：1为转角度数范围是0°～40°，2表示转角度数范围是40°～90°。部分模块铁塔的终端塔未分 1 型和 2 型，即只有 1 个塔型，转角度数为 0°~90°。

SZ 塔型中的 S 含义同上，Z 表示直线。数字 1~3，表示不同的呼称高范围：1 为呼称高范围是 15~24m；2 为呼称高范围是 15~30m；3 为呼称高范围是 15~36m，K 表示呼称高范围是 39~51。呼称高的变化以 3m 为一个级别。

设计档距中的水平和垂直档距数值，表示最大限值。

当线路需要跨越较高的数目或者构筑物时，就需要呼称高度更大的铁塔。可以根据模块铁塔设计出加高的跨越铁塔。1E2 模块耐张加高跨越铁塔设计条件见表 16-3。

表 16-3　1E2 模块耐张加高跨越铁塔设计条件

序号	电压等级	杆型	呼称高/m	设计档距 水平	设计档距 垂直	转角度数
1	110kV	1E2-SJK1	27~45	450	700	0°~20°
2		1E2-SJK2	27~45	450	700	20°~40°
3		1E2-SJK3	27~45	450	700	40°~60°
4		1E2-SJK4	27~45	450	700	60°~90°

注：杆型中，K 表示"跨越"，即此塔型为加高跨越铁塔。

16.1.6　工程中铁塔使用情况及剩余情况

现阶段，架空线路工程中使用的铁塔，均按照工程情况采用模块铁塔。相应铁塔结构图已经形成定型图纸，使用时可直接套用。

当工程发生变更时，若铁塔已加工完成且无法在本工程继续使用，将会形成剩余物资，待工程结束后，放到库房内储存，很少会被再次使用。

16.2　利库技术方案

16.2.1　利库前的设计输入

精准的设计输入条件是铁塔利库的必要前提，设计输入条件需求表，见表 16-4。

表 16-4 输入条件需求

序号	输入条件	必 要 性
1	铁塔塔型	是否满足利库工程需求
2	铁塔呼称高	是否满足利库工程需求
3	结构图纸（电子版也可）	按照利库工程实际铁塔使用条件，校核铁塔强度是否满足利库工程需求
4	原厂家信息	需要重新加工部分构件时，需由原厂家进行相关工作（加工习惯不同）
5	工程场地情况	是否具备使用利库铁塔条件
6	健康情况	铁塔在运输及仓库储存的过程中，各构件难免会产生锈蚀、丢失、破损的情况，无法满足继续使用的要求，此时就需重新进行加工
7	补件条件	对于需要重新加工的构件，能否找到加工厂家，以及此过程能否满足工程进度需求
8	鉴定情况	运检单位或工程验收单位对利库铁塔能否应用在工程中的鉴定意见

16.2.2 利库实施

1. 依托工程项目的确定

根据利库铁塔的具体技术参数，选定可以依托应用的工程。必要时，进行相关计算或验算。

铁塔在基建或迁改工程均可以应用、在平地和山地均可应用、在城镇和荒野也可应用。在此过程中，应充分结合利库铁塔的供应情况和工程工期等因素，确保利库工作的顺利进行。

2. 不同设计阶段的利库方式

不同设计阶段采取不同的利库方式，见表 16-5。

表 16-5　不同设计阶段利库方式

序号	阶段	工作内容	制约及措施
1	可研（咨询）	按照需利库的铁塔资料，确定"利库意向"；根据利库工程技术要求，初步选定可利库的铁塔	此时呼称高无法具体确定，若呼称高度不满足工程使用，此时要确定能否重新加工相应构件或塔段，以满足后续利库需求
2	初步设计	待初设审定且排定断面后，根据利库工程技术要求，选定可利库的铁塔	若呼称高无法满足工程使用要求，此时要确定能否重新加工相应构件或塔段，以满足后续利库需求
3	施工图	此时已排定断面，根据利库工程技术要求，选定可利库的铁塔	若呼称高无法满足工程使用要求，需考虑能否重新加工相应构件或塔段；过程中，应充分考虑物资供给和工程工期情况
4	施工图变更	发生时，往往伴随着杆塔的调整，此时优先考虑采用利库铁塔，过程同施工图设计阶段	

3. "以大代小"的情况

为了充分开展剩余物资利库工作，对于剩余铁塔，可以考虑"以大代小"的情况，见表 16-6。

表 16-6　铁塔"以大代小"情况统计

序号	利库铁塔	可以"以大代小"的情况
1	220kV 耐张塔	220kV 耐张塔、直线塔
		110kV 耐张塔、直线塔
		35kV 耐张塔、直线塔
2	220kV 直线塔	220kV 直线塔
		110kV 直线塔
		35kV 直线塔
3	110kV 耐张塔	110kV 耐张塔、直线塔
		35kV 耐张塔、直线塔

续表

序号	利库铁塔	可以"以大代小"的情况
4	110kV 直线塔	110kV 直线塔
		35kV 直线塔
5	35kV 耐张塔	35kV 耐张塔、直线塔
6	35kV 直线塔	35kV 直线塔

铁塔代替使用时，均需按照工程使用条件，校核电气间隙、铁塔强度、导地线挂点等情况。

（1）220kV 耐张铁塔"以大代小"情况见表 16-7。

表 16-7　220kV 耐张铁塔"以大代小"情况

利库铁塔塔型	可代替铁塔	
	电压等级	塔型
SJ1/SJK1	220kV	SZ
	110kV	全部
	35kV	全部
SJ2/SJK2	220kV	SZ、SJ1、SJK1
	110kV	全部
	35kV	全部
SJ3/SJK3	220kV	SZ、SJ1~SJ2、SJK1~SJK2
	110kV	全部
	35kV	全部
SJ4/SJK4	220kV	SZ、SJ1~SJ3、SJK1~SJK3
	110kV	全部
	35kV	全部
SDJ	220kV	SZ、SJ1~SJ4

续表

利库铁塔塔型	可代替铁塔	
	电压等级	塔型
SDJ	110kV	全部
	35kV	全部

（2）220kV 直线铁塔"以大代小"情况见表 16-8。

表 16-8　220kV 直线铁塔"以大代小"情况

利库铁塔塔型	可代替铁塔	
	电压等级	塔型
SZ1	110kV	SZ1
	35kV	SZ1
SZ2	220kV	SZ1
	110kV	SZ1、SZ2
	35kV	SZ1、SZ2
SZ3	220kV	SZ1、SZ2
	110kV	SZ1、SZ2、SZ3
	35kV	SZ1、SZ2、SZ3
SZK	220kV	SZ1、SZ2、SZ3
	110kV	SZ1、SZ2、SZ3、SZK
	35kV	SZ1、SZ2、SZ3、SZK

（3）110kV 耐张铁塔"以大代小"情况见表 16-9。

表 16-9　110kV 耐张铁塔"以大代小"情况

利库铁塔塔型	可代替铁塔	
	电压等级	塔型
SJ1/SJK1	110kV	SZ
	35kV	全部

续表

利库铁塔塔型	可代替铁塔	
	电压等级	塔型
SJ2/SJK2	110kV	SZ、SJ1、SJK1
	35kV	全部
SJ3/SJK3	110kV	SZ、SJ1~SJ2、SJK1~SJK2
	35kV	全部
SJ4/SJK4	110kV	SZ、SJ1~SJ3、SJK1~SJK3
	35kV	全部
SDJ	110kV	SZ、SJ1~SJ4
	35kV	全部

（4）110kV 直线铁塔"以大代小"情况见表 16-10。

表 16-10　110kV 直线铁塔"以大代小"情况

利库铁塔塔型	可代替铁塔	
	电压等级	塔型
SZ1	35kV	SZ1
SZ2	110kV	SZ1
	35kV	SZ1、SZ2
SZ3	110kV	SZ1、SZ2
	35kV	SZ1、SZ2、SZ3
SZK	110kV	SZ1、SZ2、SZ3
	35kV	SZ1、SZ2、SZ3、SZK

（5）35kV 耐张铁塔"以大代小"情况见表 16-11。

表 16-11 35kV 耐张铁塔"以大代小"情况

利库铁塔塔型	可代替铁塔	
	电压等级	塔型
SJ1/SJK1	35kV	SZ
SJ2/SJK2	35kV	SZ、SJ1、SJK1
SJ3/SJK3	35kV	SZ、SJ1~SJ2、SJK1~SJK2
SJ4/SJK4	35kV	SZ、SJ1~SJ3、SJK1~SJK3
SDJ	35kV	SZ、SJ1~SJ4

（6）35kV 直线铁塔"以大代小"情况见表 16-12。

表 16-12 35kV 直线铁塔"以大代小"情况

利库铁塔塔型	可代替铁塔	
	电压等级	塔型
SZ1	35kV	—
SZ2	35kV	SZ1
SZ3	35kV	SZ1、SZ2
SZK	35kV	SZ1、SZ2、SZ3

4. 通用性不强的物资

对于通用性不强的物资，充分考虑剩余物资技术参数，将工程中局部技术条件进行调整，以满足利库铁塔的技术要求，以促进物资消纳。特殊铁塔消纳措施见表 16-13。

表 16-13 特殊铁塔消纳措施

通用性不强原因	可采取措施
导线、地线安全系数与模块不符	与之相接的铁塔采用终端塔
呼称高较大	与之相接的铁塔加大呼称高
呼称高较小	用于钻越处、进线档

16.2.3 利库注意事项

利库铁塔出库过程中,需设置各构件防护措施,吊装过程需轻缓进行;运输途中,提前做好沿途路况调查,选择平缓道路,避免车辆颠簸;到达工地后,存储场地选择平地,卸货过程需轻缓进行。

17 钢 管 杆

17.1 技 术 原 则

17.1.1 钢管杆型式分类

钢管杆是高压输电线路上用得越来越多的支持物，国内外大多采用钢板制造、螺栓组装的空间结构。其分类如下。

（1）按照受力性质，可分为悬垂型、耐张型杆。悬垂型杆可分为悬垂直线和悬垂转角杆；耐张型杆可分为耐张直线、耐张转角和终端杆。

（2）按导线排列方式分类，单回路钢管杆导线为三角形排列，主要为上字型。双回路或多回路钢管杆，导线多为左右对称布置，垂直排列，有鼓型、正伞型和倒伞型等。

（3）钢管杆的横担，由角钢组成的平面桁架横担，称为片横担；由钢板焊成的变截面工字型或箱型横担，称为变截面横担。为了节省材料及充分利用电气间隙，横担可设计成弧线或折线型，从顶部至根部为变截面型式，增加了杆型的整体美观性。

17.1.2 钢管杆使用原则及要求

（1）钢管杆的钢材一般采用 Q235、Q345，有条件时也可采用 Q390、Q420、Q460 等高强钢。钢材的强度设计值及物理特性指标应符合《钢结构设计标准》（附条文说明［另册］）（GB 50017—2017）、《碳素结构钢》（GB/T 700—2006）和《低合金高强度结构钢》（GB/T 1591—2018）中的要求。

（2）钢管杆的钢材均应满足不低于 B 级钢的质量要求。当结构工作温度不高于 −40℃时，Q235、Q345、Q390 焊接构件和 Q420 钢材质量等级应满足不低于 C 级钢的质量要求，Q460 钢材质量等级不低于 D 级钢的质量要求，螺栓孔宜采用钻孔工艺。

（3）手工焊接用焊条应符合《非合金钢及细晶粒钢焊条》（GB/T 5117—2012）

和《热强钢焊条》(GB/T 5118—2012)的规定。

(4)自动焊和半自动焊应采用与主体金属强度相适应的焊丝和焊剂,应保证其熔敷金属抗拉强度不低于相应手工焊焊条的数值。焊丝应符合《钢结构焊接规范》(GB 50661—2011)规定的要求。

(5)螺栓和螺母的材质及其机械特性应分别符合《紧固件机械性能 螺栓螺钉和螺柱》(GB/T 3098.1—2010)和《紧固件机械性能 螺母》(GB/T 3098.2—2015)的规定。

17.1.3 钢管杆技术要求

钢管杆的强度、稳定和连接强度应按承载力极限状态的要求,采用荷载的设计值和材料强度的设计值进行计算。

计算过程中,应注意各部分强度应不超过限值(可自行限定),坡度、挠度等应符合规范要求。钢管杆各段长度应合理分配,充分考虑制造、运输和施工的便利性,且各杆段链接法兰不可与横担法兰位置冲突。

17.1.4 钢管杆优势介绍

(1)钢管杆通常为单柱或双柱结构形式,再配合采用灌注桩基础,其占地小的优势愈发突出,一般在平地地区,铁塔无法设置的地方,钢管杆都可以设置。

(2)钢管杆表面都会设置防腐和防锈蚀的热镀锌层,在太阳的照射下,银彩熠熠,无论是在市区,还是在郊野,都会形成独特的"风景线",与周边环境有极好的融合性。

(3)钢管杆设计和施工都非常灵活,可根据工程具体使用需求单独进行设计,横担布置灵活,可布置成对称或非对称型横担;其主杆坡度、壁厚可根据结构受力、变形情况进行优化设计,其杆段长度可直接根据加工厂的设备情况确定。施工时,也因其构件少,施工过程简单、快捷,可大大缩短安装组立时间,充分满足工程多方面需求。

17.1.5 国家电网模块钢管杆

为了规范使用钢管杆,国家电网公司组织编写了《国网 110(66)~500kV输电线路通用设计模块》,各种设计条件的钢管杆一应俱全。需要使用钢管杆时,只需按照工程技术条件,在其中选择相对应的模块钢管杆使用即可,如常用的钢管杆模块 1GGE2、06GG3 等。部分模块钢管杆设计条件见表 17-1。

17 钢 管 杆

表17-1 部分模块铁塔设计条件

模块编号	子模块编号	回路数	导线	地线	设计风速/(m/s)	覆冰/mm	塔型	地形	海拔/m
1GGA	1GGA1	单回路	1×LGJ-300/40 兼 1×2…	JLB-100	25	10	钢管杆 直线	山区、平地	≤1000
1GGA	1GGA2	单回路	1×LGJ-300/40 兼 1×2…	JLB-100	25	10	钢管杆 直线	山区、平地	1000~2500
1GGA	1GGA3	单回路	1×LGJ-300/40 兼 1×2…	JLB-100	27	10	钢管杆 直线/耐张（兼1GGA1）	山区、平地	≤1000
1GGA	1GGA4	单回路	1×LGJ-300/40 兼 1×2…	JLB-100	27	10	钢管杆 直线/耐张（兼1GGA2）	山区、平地	1000~2500
1GGB	1GGB1	单回路	2×LGJ-240/30 兼 1×4…	JLB-100	25	10	钢管杆 直线	山区、平地	≤1000
1GGB	1GGB2	单回路	2×LGJ-240/30 兼 1×4…	JLB-100	27	10	钢管杆 直线/耐张（兼1GGB1）	山区、平地	≤1000
1GGC	1GGC1	单回路	2×LGJ-300/40 兼 1×2…	JLB-100	25	10	钢管杆 直线	山区、平地	≤1000
1GGC	1GGC2	单回路	2×LGJ-300/40 兼 1×2…	JLB-100	27	10	钢管杆 直线/耐张（兼1GGC1）	山区、平地	≤1000
1GGD	1GGD1	双回路	1×LGJ-300/40 兼 1×2…	JLB-100	23.5	10	钢管杆 直线	山区、平地	≤1000

续表

模块编号	子模块编号	回路数	导线	地线	设计风速/(m/s)	覆冰/mm	塔型	地形	海拔/m
1GGD	1GGD2	双回路	1×LGJ-300/40 兼 1×2…	JLB-100	25	10	钢管杆 直线耐张（兼1GGD1）	山区、平地	≤1000
1GGD	1GGD3	双回路	1×LGJ-300/40 兼 1×2…	JLB-100	27	10	钢管杆 直线	山区、平地	≤1000
1GGD	1GGD4	双回路	1×LGJ-300/40 兼 1×…	JLB-100	29	10	钢管杆 直线耐张（兼1GGD3）	山区、平地	≤1000
1GGD	1GGD5	双回路	1×LGJ-300/40 兼 1×2…	JLB-100	35	10	钢管杆 直线耐张	平地	≤1000
1GGD	1GGD6	双回路	1×LGJ-300/40 兼 1×2…	JLB-100	39	0	钢管杆 直线耐张	平地	≤1000
1GGD	1GGD7	双回路	1×LGJ-300/40 兼 1×2…	JLB-100	33	10	钢管杆 直线耐张	平地	≤1000
1GGE	1GGE1	双回路	2×LGJ-240/30 兼 1×4…	JLB-100	23.5	10	钢管杆 直线	山区、平地	≤1000
1GGE	1GGE2	双回路	2×LGJ-240/30 兼 1×4…	JLB-100	25	10	钢管杆 直线耐张（兼1GGE1）	山区、平地	≤1000
1GGE	1GGE3	双回路	2×LGJ-240/30 兼 1×4…	JLB-100	27	10	钢管杆 直线	山区、平地	≤1000

17 钢 管 杆

续表

模块编号	子模块编号	回路数	导线	地线	设计风速/(m/s)	覆冰/mm	塔型	地形	海拔/m
1GGE	1GGE4	双回路	2×LGJ-240/30 兼 1×4…	JLB-100	29	10	钢管杆 直线/耐张（兼1GGE3）	山区、平地	≤1000
1GGE	1GGE5	双回路	2×LGJ-240/30 兼 1×…	JLB-100	33	0	钢管杆 直线/耐张	平地	≤1000
1GGF	1GGF1	双回路	2×LGJ-300/40	JLB-100	23.5	10	钢管杆 直线	山区、平地	≤1000
1GGF	1GGF2	双回路	2×LGJ-300/40	JLB-100	25	10	钢管杆 直线/耐张（兼1GGF1）	山区、平地	≤1000
1GGF	1GGF3	双回路	2×LGJ-300/40	JLB-100	27	10	钢管杆 直线	山区、平地	≤1000
1GGF	1GGF4	双回路	2×LGJ-300/40	JLB-100	29	10	钢管杆 直线/耐张（兼1GGF3）	山区、平地	≤1000
1GGH	1GGH1	四回路	2×LGJ-240/30 兼 1×4…	JLB-100	25	10	钢管杆 直线	山区、平地	≤1000
1GGH	1GGH2	四回路	2×LGJ-240/30 兼 1×4…	JLB-100	27	10	钢管杆 直线/耐张（兼1GGH1）	山区、平地	≤1000
1GGH	1GGH3	四回路	2×LGJ-300/40	JLB-100	27	10	钢管杆 直线/耐张	山区、平地	≤1000

每个模块又可分为耐张型和直线型。

耐张型钢管杆按照转角度数范围不同，分为 1、2、3、4 共 4 个杆型，直线型钢管杆按照最高呼称高不同，分为 1、2 共 2 个杆型。下面以 1GGE2 模块钢管杆为例进行说明。

1GGE2 模块钢管杆设计条件见表 17-2。

表 17-2　1GGE2 模块钢管杆设计条件

序号	电压等级	杆型	呼称高/m	设计档距 水平	设计档距 垂直	转角度数
1	110kV	1GGE2-SJG1	18～27	150	200	0°～10°
2		1GGE2-SJG2	18～27	150	200	10°～30°
3		1GGE2-SJG3	18～27	150	200	30°～60°
4		1GGE2-SJG4	15～24	150	200	60°～90°
5		1GGE2-SZG1	18～30	150	200	0°
6		1GGE2-SZG2	18～30	200	250	0°

1GGE2 为钢管杆模块，代表"导线型号为 2×LGJ-240/30，安全系数 8.0；地线型号为 JBL40-100，安全系数 10.0；导线覆冰 10mm，地线覆冰 15mm"。

SJG 中，S 表示双回路，J 表示转角，G 表示钢管杆；数字 1～4，表示不同的转角范围：1 为转角度数范围是 0°～10°；2 为转角度数范围是 10°～30°；3 为转角度数范围是 30°～60°；4 为转角度数范围是 60°～90°。

SZG 中，S 和 G 的含义同上，Z 表示"直线"。数字 1～2，表示不同的设计档距：1 为设计档距是水平 150m，垂直 200m；2 为设计档距是水平 200m，垂直 250m。呼称高的变化以 3m 为一个级别。

设计档距中的水平和垂直档距数值，表示最大限值。

当线路需要跨越较高的数目或者构筑物时，就需要呼称高更大的钢管杆。可以根据工程实际设计条件，设计出加高的钢管杆。

17.1.6　工程中钢管杆使用情况及剩余情况

现阶段，架空线路工程中使用的钢管杆，均按照工程实际进行设计，绘制出相应结构图后,应用于工程中。

当工程发生变更时,若钢管杆已加工完成且无法在本工程继续使用,将会形成剩余物资,待工程结束后,放到库房内储存,很少会被再次使用。

17.2 利库技术方案

17.2.1 利库前的设计输入

精准的设计输入条件是钢管杆利库的必要前提,设计输入条件需求表,见表 17-3。

表 17-3 输入条件需求

序号	输入条件	必要性
1	钢管杆塔型	是否满足利库工程需求
2	钢管杆呼称高	是否满足利库工程需求
3	结构图纸（电子版也可）	按照利库工程实际钢管杆使用条件,校核钢管杆强度是否满足利库工程需求
4	原厂家信息	需要重新加工部分构件时,需由原厂家进行相关工作（加工习惯不同）
5	工程场地情况	是否具备使用利库钢管杆条件
6	健康情况	钢管杆在运输及仓库储存的过程中,各构件难免会产生锈蚀、丢失、破损的情况,无法满足继续使用的要求,此时就需重新进行加工
7	补件条件	对于需要重新加工的构件,能否找到加工厂家,以及此过程能否满足工程进度需求
8	鉴定情况	运检单位或工程验收单位对利库钢管杆能否应用在工程中的鉴定意见

17.2.2 利库实施

1. 依托工程项目的确定

根据利库钢管杆的具体技术参数,选定可以依托应用的工程。在此过程中,必须进行钢管杆各部分结构的验算。

钢管杆在基建或迁改工程均可以应用、平地应用（山地不推荐应用），城镇和荒野均可应用。在此过程中，应充分结合利库钢管杆的供应情况和工程工期等因素，确保利库工作的顺利进行。

2. 不同设计阶段的利库方式

不同设计阶段采取不同的利库方式，见表 17-4。钢管杆的技术参数均是针对当时工程而设计，利库前，需根据需利库工程的实际技术条件，对利库钢管杆进行验算，只有经过验算或更换部分不满足要求的构件后，方可进行后续利库工作。

表 17-4　不同设计阶段利库方式

序号	阶段	工作内容	制约及措施
1	可研（咨询）	按照需利库的钢管杆资料，确定"利库意向"；根据利库工程技术要求，初步选定可利库的钢管杆；之后，电气专业校核电气尺寸，结构专业校核结构强度	此时呼称高无法具体确定，若呼称高或部分构件不满足工程使用要求，此时要确定能否重新加工相应构件，以满足后续利库需求
2	初步设计	待初设审定且排定断面后，根据利库工程技术要求，选定可利库的钢管杆；之后，电气专业校核电气尺寸，结构专业校核结构强度	若呼称高或部分构件不满足工程使用要求，此时要确定能否重新加工相应构件，以满足后续利库需求
3	施工图	此时已排定断面，根据利库工程技术要求，选定可利库的钢管杆杆型和呼称高；之后，电气专业校核电气尺寸，结构专业校核结构强度	若呼称高无法满足工程使用要求，需考虑能否重新加工相应构件；过程中，应充分考虑物资供给和工程工期情况
4	施工图变更	发生时，往往伴随着杆塔的调整，此时优先考虑采用利库钢管杆，过程同施工图设计阶段	

3. "以大代小"的情况

为了充分开展剩余物资利库工作，对于剩余钢管杆，可以考虑"以大代小"的情况，见表 17-5。

表 17-5　钢管杆"以大代小"情况统计

序号	剩余物资	可以"以大代小"的情况
1	220kV 耐张杆	220kV 耐张杆、直线杆
		110kV 耐张杆、直线杆
		35kV 耐张杆、直线杆
2	220kV 直线杆	220kV 直线杆
		110kV 直线杆
		35kV 直线杆
3	110kV 耐张杆	110kV 耐张杆、直线杆
		35kV 耐张杆、直线杆
4	110kV 直线杆	110kV 直线杆
		35kV 直线杆
5	35kV 耐张杆	35kV 耐张杆、直线杆
6	35kV 直线杆	35kV 直线杆

注：钢管杆利库时，需经过校核，方可使用。

钢管杆替代使用时，均需按照工程使用条件，校核电气间隙，钢管杆强度，导线、地线挂点等情况。

（1）220kV 耐张钢管杆"以大代小"情况见表 17-6。

表 17-6　220kV 耐张钢管杆"以大代小"情况

利库钢管杆杆型	可代替钢管杆	
	电压等级	杆型
SJG1	220kV	SZG1、SZG2
	110kV	全部
	35kV	全部
SJG2	220kV	SZG1、SZG2、SJG1

续表

利库钢管杆杆型	可代替钢管杆	
	电压等级	杆型
SJG2	110kV	全部
	35kV	全部
SJG3	220kV	SZG1、SZG2、SJG1~SJG2
	110kV	全部
	35kV	全部
SJG4	220kV	SZG1、SZG2、SJ1~SJG3
	110kV	全部
	35kV	全部

（2）220kV 直线钢管杆"以大代小"情况见表 17-7。

表 17-7　220kV 直线钢管杆"以大代小"情况

利库钢管杆杆型	可代替钢管杆	
	电压等级	杆型
SZG1	110kV	SZG1、SZG2
	35kV	SZG1、SZG2
SZG2	220kV	SZG1
	110kV	SZG1、SZG2
	35kV	SZG1、SZG2

（3）110kV 耐张钢管杆"以大代小"情况见表 17-8。

表 17-8　110kV 耐张钢管杆"以大代小"情况

利库钢管杆杆型	可代替钢管杆	
	电压等级	杆型
SJG1	110kV	SZG1、SZG2
	35kV	全部

续表

利库钢管杆杆型	可代替钢管杆	
	电压等级	杆型
SJG2	110kV	SZG1、SZG2、SJG1
	35kV	全部
SJG3	110kV	SZG1、SZG2、SJG1~SJG2
	35kV	全部
SJG4	110kV	SZG1、SZG2、SJG1~SJG3
	35kV	全部

（4）110kV 直线钢管杆"以大代小"情况见表 17-9。

表 17-9　110kV 直线钢管杆"以大代小"情况

利库钢管杆杆型	可代替钢管杆	
	电压等级	杆型
SZG1	35kV	SZG1、SZG2
SZG2	110kV	SZG1
	35kV	SZG1、SZG2

（5）35kV 耐张钢管杆"以大代小"情况见表 17-10。

表 17-10　35kV 耐张钢管杆"以大代小"情况

利库钢管杆杆型	可代替钢管杆	
	电压等级	杆型
SJG1	35kV	SZG1、SZG2
SJG2	35kV	SZG1、SZG2、SJG1
SJG3	35kV	SZG1、SZG2、SJG1~SJG2
SJG4	35kV	SZG1、SZG2、SJG1~SJG3

(6) 35kV 直线钢管杆"以大代小"情况见表 17-11。

表 17-11　35kV 直线钢管杆"以大代小"情况

利库钢管杆杆型	可代替钢管杆	
	电压等级	杆型
SZG1	35kV	—
SZG2	35kV	SZG1

4. 通用性不强的物资

对于通用性不强的物资，充分考虑剩余物资技术参数，将工程中局部技术条件进行调整，以满足利库钢管杆的技术要求，以促进物资消纳。特殊钢管杆消纳措施见表 17-12。

表 17-12　特殊钢管杆消纳措施

通用性不强原因	可采取措施
导、地线安全系数与模块不符	与之相接的钢管杆采用终端杆
呼称高较大	与之相接的钢管杆加大呼称高
呼称高较小	用于钻越处、进线档

17.2.3　利库注意事项

利库钢管杆出库过程中，需设置各构件防护措施，吊装过程需轻缓进行；运输途中，提前做好沿途路况调查，选择平缓道路，避免车辆颠簸；到达工地后，存储场地选择平地，卸货过程需轻缓进行。

17.2.4　常态化管控措施

（1）对于后续工程产生的新的剩余物资，需采取相应措施，保证以后的顺利利库。剩余铁塔和钢管杆需妥善保存，尽量防止丢失、锈蚀等情况发生；对应信息及时收集并妥善保管，包括原项目名称、负责人、结构图纸、原厂家信息等。

（2）技术层面，对于运输、库存的要求。运输过程中，必须采取防护措施，以防止丢失、磕碰损坏；库存过程中，采取防锈蚀措施。

（3）提炼具备推广价值的利库经验。随着利库工作的开展，及时总结利库经验，并提炼具备推广价值的利库经验。

（4）建立定期协同机制，充分发挥各方的优势，在项目可研、初设阶段积极寻找潜在消纳项目，再通过详细的技术参数校核，最终确定合适项目进行消纳。

（5）评审过程中，加强对剩余物资利用的审查。在工程评审过程中，评审专家根据剩余物资情况，提出利库意见，积极推动物资利库进行。

18 导 线

18.1 技 术 原 则

18.1.1 工程常用物资情况介绍

1. 常规导线

常规导线一般分为钢芯铝绞线（JL/G1A-×××/××）、高导电率钢芯铝绞线（JL3/G1A-×××/××）、铝合金高导铝绞线（JL1/LHA1-×××/×××）、中强度全铝合金绞线（JLHA3-×××/××），根据剩余物资情况钢芯铝绞线最为常见，近几年因新技术应用也有高导电率钢芯铝绞线。常用钢芯铝绞线型号和常用高导电率钢芯铝绞线型号分别见表 18-1 和表 18-2。

表 18-1 常用钢芯铝绞线型号

序号	钢芯铝绞线常用型号	备注
1	JL/G1A-185/30	
2	JL/G1A-240/30	35kV、110kV 常用
3	JL/G1A-240/40	
4	JL/G1A-300/40	
5	JL/G1A-400/35	110kV、220kV 常用
6	JL/G1A-630/45	220kV、500kV 常用

表 18-2 常用高导电率钢芯铝绞线型号

序号	高导电率钢芯铝绞线常用型号	备注
1	JL3/G1A-185/30	
2	JL3/G1A-245/30	35kV、110kV 常用

续表

序号	高导电率钢芯铝绞线常用型号	备 注
3	JL3/G1A-240/40	
4	JL3/G1A-300/40	
5	JL3/G1A-400/35	110kV、220kV 常用
6	JL3/G1A-630/45	220kV、500kV 常用

2. 耐热导线、超耐热导线等特殊导线

特殊导线北京常用的有耐热导线和超耐热导线两种，耐热导线为铝包钢芯耐热铝合金绞线（JNRLH60/LB20A-×××/××）、超耐热导线为铝包殷钢芯超耐热铝合金导线（JNRLH3/LBY－×××/××）。

18.1.2 导线型号的含义

以 JL/G1A-240/30 钢芯铝绞线为例，其中 JL/G1A 表示铝绞线的型号具体规定见《圆线同心绞架空导线》（GB/T 1179—2017）；G1A 表示普通强度钢线；

240 为铝绞线的标称截面单位为 mm^2；

30 为钢的线的标称截面单位为 mm^2；

同等截面的钢芯铝绞线（JL/G1A）与高导电率钢芯铝绞线（JL3/G1A）相比，区别在于导电率、直流电阻不一样，其他参数基本一致。因此在工程中钢芯铝绞线与高导电率钢芯铝绞线互换最为常见。

18.2 利库技术方案

18.2.1 利库前的设计输入

常规导线一般型号一致可直接用。

特殊导线需结合剩余物资基本情况，包含但不限于导线型号、规格、载流量、长度数量、厂家信息、技术参数、入库时间、健康情况、鉴定情况等。

18.2.2 利库实施

1. 依托工程项目的确定

根据导线的具体技术参数，选定可以依托应用的工程，基建或迁改工程均可以应用，在此过程中，应充分结合利库导线的供应情况和工程工期等因素，确保利库工作的顺利进行。

在选用剩余物资导线时，应根据系统要求，结合本工程的地形和气象条件，以及国内工程中导线的使用情况，参照《圆线同心绞架空导线》（GB/T 1179—2017）和国家电网公司《关于开展输电线路节能导线试点应用工作的通知》的相关资料，进行详细及技术经济比较。

各类导线电气性能比较如下。

（1）导线载流量比较。在事故运行方式下，交流输电线路可能出现的最大容量由系统的过负荷能力所决定。导线载流量与导线所处气象条件（环境温度、风速、日照强度）有关，在计算导线载流量时，应使导线不超过某一温度，目的在于使导线在长期运行或在事故条件下，由于导线的温升，不致影响导线强度，以保证导线的使用寿命。

钢芯铝绞线允许使用温度为 70~80℃，若温度升高，会恶化导线的综合性能。《110kV~750kV 架空输电线路设计规范》（GB 50545—2010）中规定，验算导线允许载流量时钢芯铝绞线的允许温度采用+70℃，必要时可采用+80℃。本报告钢芯铝绞线、铝合金绞线最高允许温度采用+70℃和+80℃两种方案进行计算。

计算中环境温度为最高气温月的平均气温，根据当地气象统计资料，计算导线载流量的环境温度取 35℃。日照强度 1000W/m²，风速 0.5m/s，导线表面辐射、吸热系数均取 0.9，根据 GB 50545—2010 中相关公式计算。各种普通节能导线的载流量和极限输送功率与钢芯铝绞线相差不大，载流量及输送功率均可满足线路载流量要求。

（2）交流电阻损失比较。单回交流输电线路的电阻热损失为

$$W_Q = 3NI^2 r_e$$

式中　W_Q——功率热损耗，MW/km；

　　　N——分裂根数；

　　　I——单回路每根导线的额定工作电流，kA；

r_e——导线的交流电阻，Ω/km。

当线路的输送功率较大时，交流电阻损失也就越大，在输送功率较大时线路采用节能导线的节能效益更明显。

（3）各类导线机械性能比较。

1）导线弧垂。导线的弧垂特性与导线的计算拉断力、铝钢截面比、自重等因素有关。工程用导线和剩余物资导线40℃弧垂的计算。

2）导线过载覆冰能力。从过载能力角度看，线路的设计覆冰厚度时，看各种导线的允许覆冰过载是否均能满足本工程要求。

3）导线荷载特性。需找出工程用导线和剩余物资导线导线的水平荷载和垂直荷载基本一致的。

2. 年费用计算

考虑工程的远景规划，随着输送功率的增加，导线的电阻损耗随之增加。年费用法能反映工程投资的合理性、经济性。年费用包含初次年费用、年运行维护费用、电能损耗费用及资金的利息。将各比较方案按照资金的时间价值折算到某基准年的总费用平均分布到项目运行期的各年，年费用低的方案在经济上最优。

按电力工业部（82）电计字第44号文《颁发"电力工程经济分析暂行条例"的通知》第十五条经济计算——年费行最小法的计算方法，线路工程简化计算公式如下。

折算到工程投运年的总投资为

$$NF = Z \cdot \left[\frac{r_0 \cdot (1+r_0)^n}{(1+r_0)^n - 1} \right] + \mu$$

$$Z = \sum_{t=1}^{m} Z_t \cdot (1+r_0)^{m+1-t}$$

$$\mu = \frac{r_0 \cdot (1+r_0)^n}{(1+r_0)^n - 1} \cdot \left[\sum_{t=t_0}^{m} u_t \cdot (1+r_0)^{m-t} + \sum_{t=m+1}^{t=m+n} u_t \cdot \frac{1}{(1+r_0)^{t-m}} \right]$$

式中 NF——年平均费用（平均分布在 $m+1$ 到 $m+n$ 期间的 n 年内），万元；

n——工程的经济使用年限；

Z——折算后的工程总投资，万元；

t——从开工这一年起到计算年的年数；

m —— 工程施工年数；

Z_t —— 第 t 年的建设投资，万元；

r_0 —— 电力工业投资回收率；

μ —— 折算年运行费用，万元；

t_0 —— 工程部分投产的年份；

u_t —— 运行费用，万元。

从全寿命周期角度，对可以适用工程的几种导线进行经济对比分析，从而进行工程导线的最优选型。

3. 不同设计阶段的不同利库方式

（1）可研（咨询）阶段。按照需利库的导线资料，确定"利库意向"。根据工程设计条件，初步选定可利库的导线型号及大致数量。

（2）初步设计阶段。待初设审定后，根据工程设计条件，选定的利库的导线型号及初步数量。

（3）施工图设计阶段。根据工程设计条件，选定的利库的导线型号及数量。

（4）施工图变更路径发生变化时，往往伴随着导线数量的调整，具体过程同施工图设计阶段。

4. 替换情况

常规导线型号一致可直接利库，钢芯铝绞线和高导电率钢芯铝绞线导线截面一致可互换，根据工程经验，常用替换情况见表 18-3。

表 18-3 常用导线替换情况

序号	导线型号	可替换型号	备注
1	JL/G1A-185/30	JL3/G1A-185/30	可互换
2	JL/G1A-240/30	JL3/G1A-240/30	可互换
3	JL/G1A-300/40	JL3/G1A-300/40	可互换
4	JL/G1A-400/35	JL3/G1A-400/35	可互换
5	JL/G1A-630/45	JL3/G1A-630/45	可互换

如实在没有，"以大代小"的话，需考虑铁塔及基础受力情况，并根据工程设计阶段核实联动是否带来超估算或概算情况，统筹可虑是否利库。

对于通用性不强的物资，应充分考虑剩余物资技术参数，将工程中局部技术条件比如调整导线的安全系数等进行调整，以满足利库导线的技术要求，以促进物资消纳。

18.2.3 利库注意事项

利库导线出库过程中，需设置防护措施，吊装过程需轻缓进行；运输途中，尽量选择平缓道路，避免车辆颠簸；到达工地后，存储场地选择平地，卸货过程需轻缓进行。

19 电 力 电 缆

19.1 技 术 原 则

电力电缆是一种传输电能的载体,其分类方式有多种,包括电压等级、芯数、结构等。

19.1.1 电压等级和芯数

主网电力电缆按电压等级,可分为 35kV、66kV、110kV、220kV、500kV 等。其中 35kV、110kV、220kV 为北京地区常用主网电力电缆的电压等级。

不同电压等级按导线芯数又可分为单芯电缆和三芯电缆。通常 35kV 电缆既有单芯电缆也有三芯电缆,110kV 和 220kV 电缆则均为单芯电缆。

19.1.2 电缆结构

1. 导体

电缆导体通常采用高电导系数的金属铜或铝制造。由于铜的导电率和机械强度要优于铝,同时根据 DL/T 5222—2005《导体和电器选择设计规程》(DL/T 5222—2021)中"35kV 及以上电力电缆宜采用铜芯"的要求,高压电力电缆一般采用铜作为导体。铜芯电缆也是北京地区最常用的电力电缆。

2. 绝缘

常见高压电力电缆的绝缘类型有乙丙橡胶绝缘、交联聚乙烯绝缘和充油电缆。其中乙丙橡胶绝缘电缆的柔软性好,耐水,不会产生水树枝,耐 γ 射线,阻燃性好,低烟无卤,但其价格昂贵,故在水底敷设和在核电站中使用时可考虑选用;交联聚乙烯电缆具有优良的电气性能和机械性能,施工方便,是目前最主要的电缆绝缘形式;充油电缆的制造和运行经验丰富,电气性能优良,可靠性也高,但需要供油系统,有时需要塞止接头。对于 220kV 及以上电压等级,经与交联电缆做技术经济比较后认为合适时仍可选用充油电缆。

根据《城市电力电缆线路设计技术规定》（DL/T 5221—2016），"220kV 交流电缆经过技术经济比较后可采用交联聚乙烯绝缘或自容式充油电缆；10～110kV 电缆应优先选用交联聚乙烯绝缘""110kV 及以上交联聚乙烯绝缘电缆应采用绝缘层与导体屏蔽和绝缘屏蔽三层共挤干式交联工艺""用于 110kV 及以上的充油电缆应采用电缆绝缘油耐老化特性良好的烷基苯合成油结构"。

根据上述各种绝缘材料的特点和有关技术规定，北京地区在运的高压电力电缆主要为交联聚乙烯绝缘电力电缆。

3. 金属护套

由于北京地区 110kV 及以上电力电缆一般敷设于电力隧道内，且某些地区隧道内积水严重，因此要求电缆需具有良好的径向阻水性能，且须满足长期浸水安全运行的要求。根据《高压电缆选用导则》（DL/T 401—2017），对于有径向防水要求的电缆应采用铅套、皱纹铝套或皱纹不锈钢套作为径向防水层。由于铅套和皱纹不锈钢套电缆质量较大，皱纹铝套不但质量小，且能够满足径向阻水要求，因此北京地区常用的电缆为皱纹铝套电缆。

4. 外护套

根据 DL/T 401—2017，在一般情况下可按正常运行时导体最高工作温度选择外护套材料，当导体最高工作温度为 80℃时可选用 PVC-SI（ST1）聚氯乙烯外护套。导体最高工作温度为 90℃时，应选用 PVC-S2（ST2）聚氯乙烯或 PE-S7（ST7）聚乙烯外护套。电缆敷设在有火灾危险场所时应选用阻燃外护套。

聚乙烯外护套防水性能好，但阻燃性能较差，且聚乙烯机械性能差，容易在机械力作用下产生裂缝。聚氯乙烯外护套防火性能较好，添加特定的阻燃材料后，可以制造成能够满足一定阻燃要求的外护套。北京地区电力隧道内电缆较多，且多电压等级电缆均敷设在同一隧道内，为防止隧道内电缆火灾的蔓延，要求电缆本体需要具有一定的阻燃性能。所以 C 类阻燃的聚氯乙烯外护套是北京常用的电力电缆外护套形式。

5. 电缆截面

根据有关规程规范要求，电缆导体最小截面的选择应同时满足规划载流量和通过系统最大短路电流时热稳定的要求。北京地区常用的电力电缆截面见表 19-1。

表 19-1 北京地区常用的电力电缆截面

电压等级/kV	芯数	截面/mm^2
35	单芯	185、240、300、400、500
	三芯	185、240、300、400
110	三芯	400、630、800、1000
220	三芯	800、1000、1600、2500

综上，北京地区常用 35kV 电缆为铜芯、交联聚乙烯绝缘、钢带铠装、C级阻燃聚氯乙烯外护套的电力电缆。常用 110kV 和 220kV 电缆为铜芯、交联聚乙烯绝缘、波纹铝护套、C 级阻燃聚氯乙烯外护套的电力电缆。

6. 电缆附件

电缆附件是电缆系统中不可或缺的设备，电缆是通过终端头与其他输变电设备连接起来的，对于较长的电缆线路，要通过中间接头将各段电缆连接起来。电缆附件主要包括中间接头和终端头，其中中间接头又分为绝缘接头和直通接头，终端头分为 GIS 终端、油浸终端、户外终端等。

高压交联电缆附件类型如图 19-1 所示。北京地区选用的电缆为交联聚乙烯绝缘电力电缆，因此电缆附件也仅选择与其对应的附件。

（1）电缆终端。目前预制橡胶应力锥型电缆终端为普遍采用的终端型式。工程中要结合设备形式选择相应的终端。如果出线设备为密闭式，则需要选择 GIS 终端或变压器终端，敞开式出线设备、电缆终端站、电缆终端塔，则需要选择户内终端或户外终端。

（2）中间接头。预制型中间接头为目前普遍使用的接头型式。预制型接头用得较多的为组装预制型接头和整体预制型接头。组装式预制型中间接头的主要绝缘都是在工厂内预制的，现场安装主要是组装工作，现场对安装工艺的依赖性相对减少了些，但是由于其结构复杂、组件比较多，现场安装工作的难度也较高。而且由于中间接头绝缘由 3 段组成，因此在出厂时无法进行整体绝缘的出厂实验。工程中应该较少。

（3）整体预制型中间接头。此类接头的绝缘材料是单一的橡胶，接头工艺简单，安装时间较短。并且由于接头绝缘是一个整体的预制件，接头绝缘可以做出厂实验来检验制造质量。北京地区普遍使用整体预制型中间接头。

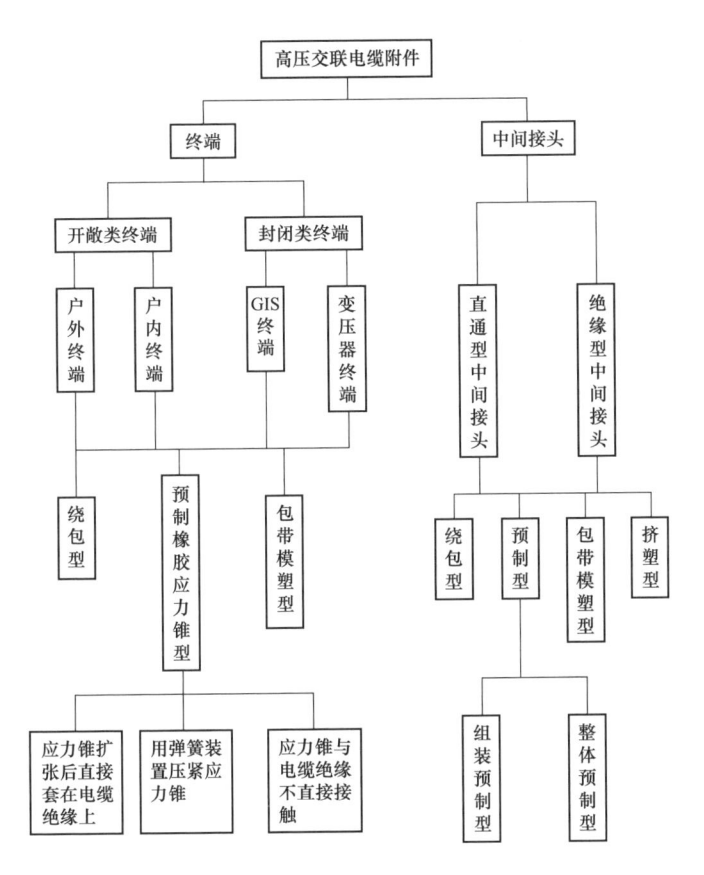

图 19-1 高压交联电缆附件类型

19.1.3 工程使用及剩余情况

北京地区常用电缆物资均为国家电网公司标准物料，并在国家电网公司优选目录中，采购标准均已经固化。

北京地区的电缆附件采购标准与其他网省有所不同。保证首都地区主网电缆运行安全、缩短施工周期、降低工程造价，北京地区采购的电缆附件安装通常为项目单位自行安装。

造成电缆物资剩余的情况通常有两方面：一方面是电缆招标完成后，工程方案进行了调整，导致已招标的全部或部分电缆物资未能在工程中安装敷设，造成电缆物资剩余。另一方面是新工程对在运的电缆线路的切改，现状电缆的拆除带来的剩余物资。如果现状电缆运行时间不长，拆除后经过检测合格可用于其他工程。

19.2 利库技术方案

19.2.1 利库前的设计输入

1. 精准的设计输入条件

包括电缆的型号规格、结构参数、电缆盘长、制造厂家。

2. 剩余物资的健康情况、鉴定情况

未到货或已到货未敷设安装的电缆可以直接调拨使用。撤旧电缆或库存时间较长的电缆需要经相关部门检测评估,健康状况满足要求方可使用。

19.2.2 利库实施

1. 依托工程项目的确定

根据剩余电缆物资的型号规格、盘长、厂家信息,选定可以依托应用的工程,基建或迁改工程均可以应用,确保利库工作的顺利进行。

2. 不同设计阶段的利库方式

(1)可研(咨询)阶段。按照电缆型号规格和盘长,确定"利库意向"。根据电缆盘长确定电缆分段和接地方式。

(2)初步设计阶段。根据审定的可研方案开展初步设计,如果需要补招物资,需要注意北京地区通常有双回路的要求,同一电源方向的两路电缆不可以由同一电缆或附件厂家供货。

(3)根据利旧电缆的段长布置接头位置,以此确定新定电缆的生产盘长。

19.2.3 利库注意事项

(1)剩余电缆物资的盘长要精确测量,长度要精确到 m。

(2)电缆在运输时应缠绕在专用的电缆盘上,因为受到弯曲半径的限制,电缆盘内径(内筒直径)必须大于电缆最小弯曲半径,且电缆盘外部尺寸需满足运输过程中的限高及运输车辆限宽的要求。

(3)同时,电缆在运输前和存放时,需要按要求对电缆两端头做好包封,避免进水。

20 10kV 电缆

20.1 技术原则

20.1.1 10kV电缆简介

在主网工程中，主要应用35kV及以上的电力电缆，10kV电缆仅作为主网工程线路的补充。当前，10kV电力电缆主要应用于变电站内电容器、电抗器、站用变压器、接地变压器等设备的10kV电源线路。

鉴于10kV电缆在主网工程和配网工程中的应用场景不同，使用的电缆型号也有明显区别，因此在主网中对10kV电缆的应用进行单独的介绍。

20.1.2 工程使用情况

常用10kV电力电缆型号及使用范围见表20-1，允许持续载流量见表20-2。

表20-1 10kV电力电缆型号及使用范围

型号	名称	使用范围
YJV	交联聚乙烯绝缘聚氯乙烯护套电力电缆	敷设在室内外，隧道内需固定在托架上，排管中或电缆沟中以及松散土壤中直埋，能承受一定牵引拉力但不能承受机械外力作用
YJY$_{22}$	交联聚乙烯绝缘钢带铠装聚乙烯护套电力电缆	可土壤直埋敷设，能承受机械外力作用，但不能承受大的拉力
YJV$_{22}$	交联聚乙烯绝缘钢带铠装聚氯乙烯护套电力电缆	同YJY$_{22}$

表 20-2 10kV 电力电缆允许载流量　　　　　　　单位：A

绝缘类型	交联聚乙烯			
钢铠护套	无		有	
电缆导体最高工作温度/℃	90			
敷设方式	空气中	直埋	空气中	直埋
120	251	205	246	205
240	378	292	373	292
300	433	332	428	328
环境温度/℃	40	25	40	25
土壤热阻系数/(k·m/W)		2.0		2.0

注：表中参数适用于铝芯电缆，铜芯电缆的允许持续载流量值可乘以 1.29。

20.2 利库技术方案

20.2.1 利库前的设计输入

1. 电缆截面选择原则

（1）电力电缆选用应满足负荷要求、热稳定校验、敷设条件、安装条件、对电缆本体的要求、运输条件等。

（2）电缆截面的选择应在电缆额定载流量的基础上，应结合敷设环境来考虑，综合考虑不同环境温度、不同管材热阻系数、不同土壤热阻系数及多根电缆并行敷设时等各种载流量校正系数来综合计算。

（3）多根电缆并联时，各段电缆应等长，并采用相同材质、相同截面的导体。

2. 精准的设计输入条件

包括电缆的型号规格、结构参数、电缆盘长、制造厂家。

20.2.2 利库实施方式

1. 依托工程项目的确定

在库存电缆健康状态满足要求，并综合考虑敷设环境、敷设条件、安装条件相同的情况下，满足载流量要求和长度要求的电缆一般可以直接使用。

根据剩余 10kV 电缆物资的型号规格、盘长、厂家信息，选定可以依托应用的工程，基建或迁改工程均可以应用，确保利库工作的顺利进行。

2. 不同设计阶段的利库方式

（1）可研（咨询）阶段。按照电缆型号规格和盘长，确定"利库意向"。

（2）初步设计阶段。根据审定的可研方案开展初步设计，选定利库的电缆型号及预估数量。

（3）施工图设计阶段。根据工程设计条件，细化工程实施需要的具体电缆长度，确定利库的电缆型号及数量。

20.2.3 利库注意事项

（1）剩余电缆物资的盘长要精确测量，长度要精确到 m。

（2）电缆在运输时应缠绕在专用的电缆盘上，因为受到弯曲半径的限制，电缆盘内径（内筒直径）必须大于电缆最小弯曲半径，且电缆盘外部尺寸需满足运输过程中的限高及运输车辆限宽的要求。

（3）同时，电缆在运输前和存放时，需要按要求对电缆两端头做好包封，避免进水。

21 控制电缆

21.1 技术原则

21.1.1 控制电缆介绍

控制电缆的主要材料是聚氯乙烯、聚乙烯、交联聚乙烯等，以上材料有很好的绝缘性能，并能在450/750V电压之下正常工作。

控制电缆的线芯为铜芯，标称截面分为 $2.5mm^2$、$4mm^2$、$6mm^2$、$10mm^2$，芯数一般为 2~61。变电站一般常用的规格为 4 芯、7 芯、10 芯、14 芯。

21.1.2 控制电缆使用条件

控制电缆由于电气干扰，会发生严重后果，所以在选型方面极为谨慎。不同环境、回路选用不同规格形式的控制电缆。如信号回路与控制回路不能使用同一根电缆、交流回路和直流回路不能使用同一根电缆等。

控制电缆的截面选择应遵循规程规范以及连接的设备参数进行计算得到，不是想当然、凭经验的选择，比如断路器控制回路、电流互感器（TA）回路、电压互感器（TV）回路按规程规范计算选用足够截面的电缆以满足压降的要求。

在不同布置形式的变电站，使用的控制电缆形式不同，如在地下变电站的使用要求较地上户内变电站更加严格，阻燃等级、耐火等级均不一致。

21.2 利库技术方案

21.2.1 控制电缆的盘活方案

在参考上述使用原则介绍以及使用寿命等诸多因素的基础上，控制电缆的盘活方案如下。

（1）先考察生产日期，受到腐蚀性气体的作用以及存储环境的影响，控制电缆有绝缘老化，外皮脱落等问题会严重影响使用安全，不建议使用。

（2）建议在控制电缆的剩余物资使用上应遵循原设计原则的选型，不得将不同截面规格的电缆互相代替。

（3）在相同类别、材料、绝缘、屏蔽特性相同的情况下，可以使用多芯数电缆代替少芯数电缆在工程中使用。如有些 TA、TV 回路使用 4 芯电缆，在实际实施过程中使用 6 芯、7 芯是可行的，但不建议多于 10 芯。

（4）在有目标物资时，必须向技术部门进行核实后方可使用。

21.2.2　报废

变电站的控制电缆不得现场连接使用，长度小于 10m 的电缆基本没有使用价值，建议报废。

22 OPGW 光缆及光缆金具

22.1 技术原则

工程中常用 OPGW 光缆 OPGW-11-70-2、OPGW-13-90-2、OPGW-15-120-3、OPGW-17-150-3，芯数一般有 24 芯、36 芯、48 芯、72 芯，其中 36 芯因固化 ID 中无此物料，故不太常用。110kV 工程中光缆最常用的是 48 芯 OPGW-13-90-2 光缆，220kV 工程中光缆最常用的是 72 芯 OPGW-15-120-3 或者 OPGW-17-150-3 光缆。

22.2 利库技术方案

22.2.1 利库前的设计输入

1. 精准的设计输入条件

OPGW 光缆需结合剩余物资基本情况，包含但不限于光缆型号、芯数、长度数量、厂家信息、技术参数、入库时间。

OPGW 光缆金具需结合剩余物资光缆金具厂家发来的金具图纸、金具的型号及吨位确定。

2. 剩余物资的健康情况、鉴定情况

OPGW 光缆需结合剩余物资健康情况、鉴定情况等，是否有断股等情况，运检单位或工程验收单位对利库光缆能否应用在工程中的鉴定意见。

22.2.2 利库实施

1. 依托工程项目的确定

根据 OPGW 光缆及光缆金具的具体技术参数，选定可以依托应用的工程，基建或迁改工程均可以应用，在此过程中，应充分结合利库光缆及光缆金具的

2. 不同设计阶段的利库方式

（1）可研（咨询）阶段。按照需利库的 OPGW 光缆资料，确定"利库意向"。根据工程设计条件，初步选定可利库的光缆型号及芯数。

（2）初步设计阶段。待初设审定后，根据工程设计条件，选定可利库的 OPGW 光缆型号及芯数、长度、光缆金具型号及数量。

（3）施工图设计阶段。根据工程设计条件，选定可利库的 OPGW 光缆型号及芯数、长度、光缆金具及数量，过程中，应充分考虑物资供给和工程工期情况。

（4）施工图变更路径发生变化时，往往伴随着 OPGW 光缆长度和光缆金具数量的调整，此时优先考虑采用利库物资。具体过程同施工图设计阶段。

3. 替代情况

（1）OPGW 光缆。OPGW 光缆同等截面型号一致的，可用大芯数替代小芯数，如 OPGW-13-90-2 光缆最大到 48 芯光缆，工程实际要用 24 芯 OPGW 光缆，如确实没有可用 48 芯光缆替代。也可用光缆替代地线使用，结合铁塔及基础受力、地线热稳定一致情况下，可直接替代。以大代小的话，需考虑铁塔及基础受力情况，并根据工程设计阶段核实联动是否带来超估算或概算情况，统筹可虑是否利库。为了充分开展剩余物资利库工作，对于剩余 OPGW 光缆，可以考虑以替代的情况。OPGW 光缆常规可替换物资见表 22-1。

表 22-1　OPGW 光缆常规可替换物资

剩余物资	可以替换的物资	备　注
48 芯 OPGW-11-70-2	24 芯 OPGW-11-70-2	可替换
	36 芯 OPGW-11-70-2	可替换
48 芯 OPGW-13-90-2	24 芯 OPGW-13-90-2	可替换
	36 芯 OPGW-13-90-2	可替换
	JLB40-80	经设计核实后方可有条件替换
72 芯 OPGW-15-120-3	24 芯 OPGW-15-120-3	可替换
	36 芯 OPGW-15-120-3	可替换

续表

剩余物资	可以替换的物资	备注
72 芯 OPGW-15-120-3	48 芯 OPGW-15-120-3	可替换
	JLB40-120	经设计核实后方可有条件替换
48 芯 OPGW-17-150-3	24 芯 OPGW-17-150-3	可替换
	72 芯 OPGW-17-150-3	因 72 芯不是固化 ID，故可与厂家协商增加芯数后使用
	JLB40-150	经设计核实后方可有条件替换

（2）OPGW 光缆金具。OPGW 光缆耐张串、悬垂串需要结合实际厂家发来的金具图纸、金具的型号及吨位确定，结合实际工程用的光缆直径范围是否调整耐张线夹、悬垂线夹型号；接头盒和余缆架、需要结合光缆芯数、杆用（杆直径）还是塔用确定是否能利库；卡具需要结合杆用（杆直径）还是塔用确定是否能利库；防振金具需要结合实际工程用的光缆直径确定是否能利库。

（3）对于通用性不强的物资，充分考虑剩余物资技术参数，将工程中局部技术条件进行调整，以满足利库 OPGW 光缆及光缆金具的技术要求，以促进物资消纳。

22.2.3 利库注意事项

利库 OPGW 光缆及光缆金具出库过程中，需设置防护措施，吊装过程需轻缓进行；运输途中，尽量选择平缓道路，避免车辆颠簸；到达工地后，存储场地选择平地，卸货过程需轻缓进行。

综上所述，盘活库存物资是一项综合性工程，影响是多方面的，与企业经营管理、提质增效密切相关，对于推动电网公司高质量争先发展具有重要影响。盘活库存物资，可以降低物资专业审计、巡察监督风险，解决库存账实不符和积压浪费问题，防范国有资产流失，还可以促进各级管理者增强经营意识、成本意识、法律意识，引导员工继承和发扬勤俭办企、厉行节约的优良传统，树立和巩固励精图治、精打细算的治企理念。

做好盘活库存物资工作，需要企业各部门协同配合。物资部门要对各级仓库出入库业务规范性、库存物资账卡物一致性进行检查，发现问题闭环整改。库存物资盘点探索应用智能盘点机器人、RFID 等自动化技术、智能化设备，提升盘点工作的时效性和准确性。工程管理部门、财务部门要将工程退料"应退尽退、退料入库"作为工程结算的前提严格把关，避免工程退料四处散落流失，要将采购物资验收入库作为货款支付的前置条件严格把关，避免出现新的风险。设备、发展和财务部门要协同配合，改变当前零星维修材料"先领料挂账、待年底统一立项再入账"的传统做法，避免实物陆续不断领用、ERP 年底集中入账、账物不一致问题的发生。

通过企业上下协同配合，扎实有效的盘活库存物资工作，构建起完整的盘活利库的体制机制，建立起库仓统筹、规模合理、结构科学、品类齐全、账实相符、高效流转、动态保障的物资仓储体系，让电网公司仓储的实物人人看得见、一键找得到、随时调得动、件件都可用、处处供得上，为企业发展体制增效、电网高质量发展提供优质高效的物资保障。

参 考 文 献

[1] 本书编委会. 电力工程设计手册——架空输电线路设计. 北京：中国电力出版社，2019.
[2] 刘振亚. 国家电网公司输变电工程通用设计 110（66）~500kV 变电站分册. 北京：中国电力出版社，2011.